Contraste insuffisant

NF Z 43-120-14

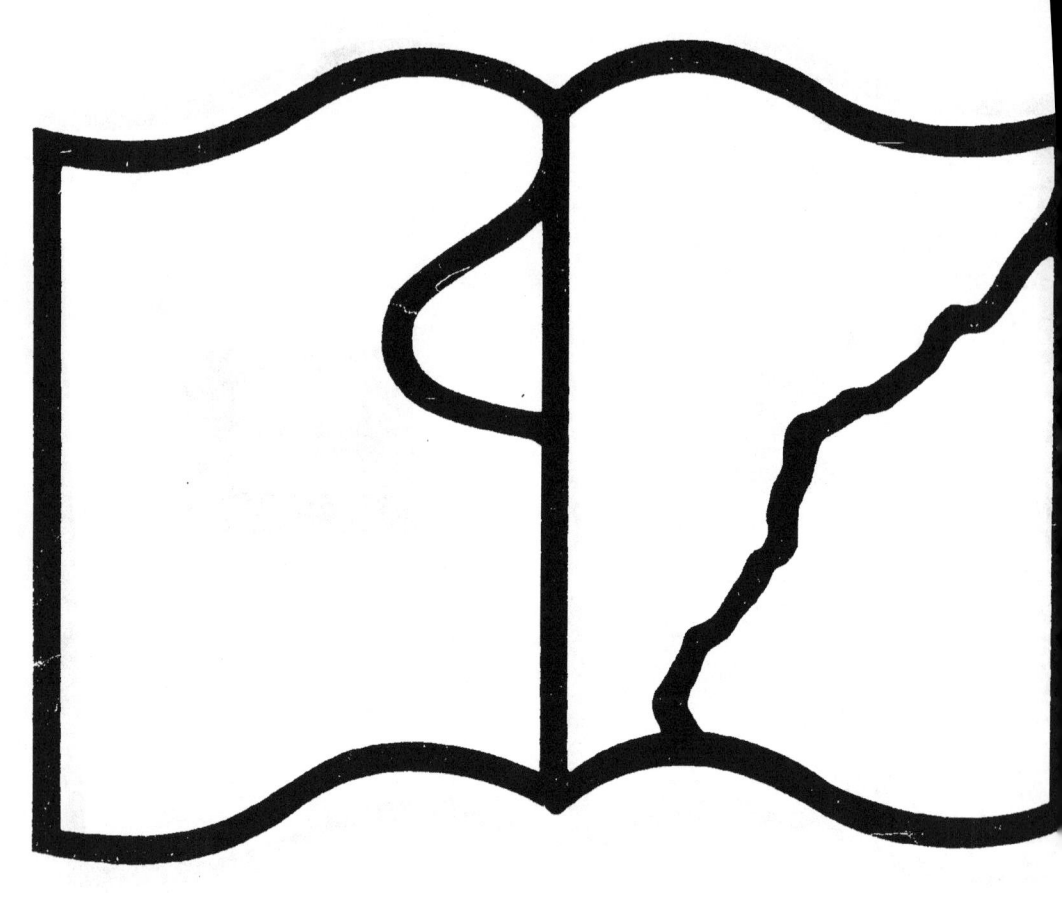

Texte détérioré — reliure défectueuse

NF Z 43-120-11

LE
SAHARA FRANÇAIS

CONFÉRENCE
SUR
LES QUESTIONS SAHARIENNES
FAITE LES 21 ET 31 MARS 1891
A MM. LES OFFICIERS DE LA GARNISON DE MÉDÉA

PAR

Le Commandant H. BISSUEL
CHEF DE BATAILLON AU 1er RÉGIMENT DE ZOUAVES
ANCIEN CHEF DE BUREAU ARABE

AVEC CARTE ET PLANCHES

ALGER
ADOLPHE JOURDAN, LIBRAIRE-ÉDITEUR
Imprimeur-libraire de l'Académie
4, PLACE DU GOUVERNEMENT, 4

1891

LE

SAHARA FRANÇAIS

ALGER. — Typographie Adolphe Jourdan.

LE
SAHARA FRANÇAIS

CONFÉRENCE

SUR

LES QUESTIONS SAHARIENNES

FAITE LES 21 ET 31 MARS 1891

A MM. LES OFFICIERS DE LA GARNISON DE MÉDÉA

PAR

LE COMMANDANT H. BISSUEL

CHEF DE BATAILLON AU 1ᵉʳ RÉGIMENT DE ZOUAVES

ANCIEN CHEF DE BUREAU ARABE

AVEC UNE CARTE

ALGER

ADOLPHE JOURDAN, LIBRAIRE-ÉDITEUR

Imprimeur-libraire de l'Académie

4, PLACE DU GOUVERNEMENT, 4

1891

PRÉFACE

Le travail qu'on va lire n'était pas destiné à la publicité. Rédigé, sans prétention littéraire ni scientifique, en vue d'une simple conférence que j'avais été chargé de faire aux officiers de la garnison de Médéa, il a paru à quelques-uns de mes auditeurs pouvoir être d'une certaine utilité.

Je le présente donc au lecteur sous leur patronage, sans en modifier la forme et en souhaitant, sans oser l'espérer, qu'il trouve autant d'intérêt à le parcourir que j'en ai eu à réunir et à coordonner les documents épars sur lesquels il s'appuie.

H. BISSUEL,
Chef de bataillon au 1er zouaves,
ancien Chef de bureau arabe.

Médéa, 23 mai 1891.

OUVRAGES CONSULTÉS

I. — Extrême sud de l'Algérie, par le commandant Deporter.
II. — La Conquête pacifique de l'intérieur africain, par le général Philebert.
III. — Les Indes noires, par M. Melchior de Vogué (Revue des Deux Mondes, 1890).
IV. — Description de l'oasis d'In-Salah, par le lieutenant Le Châtelier.
V. — Les Khouan, par le capitaine de Neveu.
VI. — Marabouts et Khouan, par le commandant Rinn.
VII. — La Confrérie musulmane de Sidi Mohammed ben Ali es Senoussi et son domaine géographique, par M. H. Duveyrier.
VIII. — Les Touareg du Nord, par M. H. Duveyrier.
IX. — Les Touareg de l'Ouest, par le capitaine Bissuel.
X. — Mission de R'adamès (publication du gouvernement général de l'Algérie.
XI. — Deuxième mission Flatters (publication du gouvernement général de l'Algérie).
XII. — Essai de grammaire de la langue Tamachek', par le commandant Hanoteau.
XIII. — La Kabylie et les coutumes Kabyles, par le général Hanoteau et M. A. Letourneux.
XIV. — Les Kebaïles du Djendjera, par le capitaine Devaux.
XV. — Les Kabyles du Djurdjura, par le prince Nicolas Bibesco (Revue des Deux Mondes, 1864).
XVI. — Lettres familières sur l'Algérie, par le colonel Pein.
XVII. — Mœurs, Coutumes et Institutions des Indigènes de l'Algérie, par le lieutenant-colonel Villot.

CARTES

I. — L'Afrique en 1890, par Schrader, Prudent et Anthoine.
II. — Carte d'une partie de l'Afrique septentrionale, par Pech (publication du Ministère des Travaux Publics).
III. — Le Gourara, le Touat et le Tidikelt, par le lieutenant-colonel de Colomb.
IV. — Cartes annexées aux ouvrages cités, ci-dessus, sous les nos I, II, IV, VI, VII, VIII, IX, X et XI.

CROQUIS, NOTES, RENSEIGNEMENTS & SOUVENIRS PERSONNELS

LE SAHARA FRANÇAIS

Mon Général,

Messieurs,

Le programme de la conférence que je suis appelé à l'honneur de développer devant vous est le suivant :

QUESTIONS SAHARIENNES

» *Étude détaillée du Touat, du Gourara et du*
» *Tidikelt. — Ressources qu'on pourra tirer, soit en*
» *hommes, soit autrement, de leurs populations. —*
» *Influence de leur annexion au point de vue de la*
» *sécurité et du développement, par le travail, de nos*
» *propres oasis. — Moyens d'augmenter la population*
» *Ksourienne. — Moyens de développer l'influence*
» *française dans le Sahara. — La France peut-elle*
» *espérer un jour attirer à elle une certaine partie des*
» *productions du Soudan par la pacification du Sahara?*
» *— Étude du Sahara. — Lignes de caravanes. —*
» *Moyens les plus propres à les détourner de nouveau*
» *vers nos possessions de l'Afrique du nord. — Une*
» *liaison entre celles-ci et nos nouvelles conquêtes du*
» *Haut-Niger est-elle à envisager dans l'avenir? —*
» *Devons-nous tourner nos regards vers les routes de*
» *Tin Bouktou exclusivement, ou bien, sans donner*
» *aux arrangements récemment conclus au sujet du*
» *Soudan plus d'importance qu'ils n'en peuvent avoir,*
» *devons-nous songer, pour l'avenir, à l'exploitation*
» *des riches territoires avoisinant le lac Tchad? —*
» *Question du trans-saharien.* »

J'ai à peine besoin de faire remarquer combien le cadre d'une simple conférence est étroit pour un tel programme. Des volumes ont été écrits sur certaines des questions qui y sont contenues et, pour beaucoup d'entre elles, sans parvenir à les élucider. Hypothèses et controverses se sont donné carrière, depuis quelques années surtout, et, à en juger par les flots d'encre et malheureusement aussi de sang que la seule question du chemin de fer trans-saharien a fait répandre, il n'est pas téméraire d'affirmer qu'avant un quart de siècle, si Dieu nous prête vie, nous pourrons remplir des corps entiers de bibliothèque d'ouvrages traitant exclusivement de questions africaines.

Mais, rassurez-vous Messieurs, je n'ai ni l'intention, ni, surtout, la prétention de faire ici œuvre scientifique ou littéraire; en appelant votre attention sur les difficultés de ma tâche, j'ai voulu simplement me créer des titres à votre indulgence que je vous demande tout entière.

Tout en m'attachant à traiter toutes les parties du programme qui m'a été tracé, je serai peut-être amené à modifier l'ordre dans lequel ont été posées les questions multiples qu'il comporte, et il me paraît utile de faire précéder leur examen de quelques données générales sur les vastes territoires dont se compose l'Afrique septentrionale.

Coup d'œil général sur l'Afrique septentrionale. — Ces territoires se répartissent en trois zônes à peu près parallèles au littoral méditerranéen, savoir :

1° Une zône septentrionale, située entre ce littoral et une ligne ondulée qui serpente entre les 28° et 32° degrés de latitude nord; elle comprend, de l'est à l'ouest : l'Égypte placée, non en droit mais en fait, sous la domination anglaise; la régence de Tripoli qui fait partie intégrante de l'empire ottoman; la Tunisie placée sous notre protectorat; l'Algérie que nous nous plaisons à appeler « le prolongement de la France »; enfin l'Empire du Maroc, état encore indépendant mais où deux influences qui nous sont également hostiles, celle de l'Allemagne et celle de l'Italie, ne laissent échapper aucune occasion de s'affirmer.

Toute la population indigène de cette partie de l'Afrique, conquise à l'Islamisme par l'invasion arabe, est demeurée musulmane, mais l'élément européen y pénètre de plus en plus;

2° Une zône méridionale, le Soudan, qui se subdivise en trois parties : Soudan oriental, Soudan central et Soudan occidental ou Soudan français.

Le Soudan oriental comprend : la Nubie, le Kordofan, le Darfour, le bassin du Bhar el R'zal (fleuve des gazelles) et la région du Haut Nil, jusqu'au lac Ghita Nzighé situé entre les lacs Albert et Victoria Nyanza; toutes ces contrées se trouvent au sud de l'Égypte; leur population, évaluée à près de 11 millions d'habitants, est formée d'un grand nombre de tribus d'origines très diverses.

Le Soudan central n'a que des limites fort indécises : on ne s'aperçoit qu'on quitte le Sahara pour pénétrer dans le Soudan central, que parce que la végétation rabougrie, maladive, presque nulle du premier, fait place à une autre qui devient de plus en plus luxuriante à mesure qu'on s'enfonce plus avant vers le sud. Les Touareg de l'Ouest font commencer le Soudan à hauteur des puits d'In Azaoua et d'Assiou, soit environ par 21° de latitude nord. La région de l'Aïr (ou Asben) que le voyageur Barth a appelé « la Suisse du Sahara » est située par 3° au moins au sud de ces puits. Quant aux limites politiques, elles sont sujettes à tant de changements et nous sommes si peu au courant de ce qui se passe dans les petits États du Soudan central, que nous devons nous borner à énumérer ces états qui sont (de l'est à l'ouest): le *Wadaï* ou *Ouadaï*, le *Kanem*, le *Baghirmi* qui confine par le sud au Congo français, le *Bornou*, tous quatre situés au sud de la Tripolitaine; puis, au sud de nos possessions tunisiennes et algériennes, les royaumes de *Sokoto* et de *Gando*; enfin, au sud du Maroc, les états de *Macina* et ceux encore peu connus de *Tombo, Mossi, Gourma, Gourounsi*, etc. compris dans la grande boucle du Niger.

Tous ces états sont musulmans; leur population, évaluée à environ 12 millions et demi d'habitants, est mélangée d'Arabes, de Nigritiens, de Toucouleurs, etc.

Le Soudan occidental, ou Soudan français, qui confine à l'ouest à notre colonie du Sénégal, comprend les états de Tiéba, de Samory, le Ségou, le Fouta Djalon. En ce moment même, une colonne commandée par le colonel Archinard, partie de Kayes, vient de s'emparer de Nioro et menace les états d'Ahmadou.

Le Soudan occidental est donc, en réalité, déjà entre nos mains;

3° Une zône qui sépare les deux précédentes, le Sahara, immense région dont la superficie n'est pas moindre de 6,200,000 kilomètres carrés (soit plus de onze fois celle de la France (536,408), qu'on a appelée le grand désert, bien que cette dénomination ne puisse s'appliquer à toutes ses parties, mais dont la population n'est pas évaluée à plus d'un demi million d'habitants : Teda (ou Tibbou), à l'est; Touareg (ou mieux Imouchar'), à l'ouest; enfin, Arabes et Berbères répartis sur ses confins, vivant dans ses oasis ou parcourant en nomades ses vastes solitudes.

ZÔNE D'INFLUENCE FRANÇAISE; CONVENTION DU 5 AOÛT 1890 ENTRE LA FRANCE ET L'ANGLETERRE. — Bien que nulle puissance européenne n'ait, jusqu'ici, émis aucune prétention sur les routes du Sahara, routes dont le contrôle revient à la France en tant que puissance musulmane, notre zône d'influence a été délimitée, dans l'Afrique septentrionale, par un échange de déclarations entre les gouvernements français et anglais.

Ce document diplomatique porte la date du 5 août 1890; nous aurons à en parler dans quelques instants; pour le moment, examinons seulement les limites qu'il semble imposer à notre nouvel empire africain.

Ces limites sont encore indéterminées dans leurs détails, les grandes lignes seules ont été tracées : nous ne considérerons donc que celles-ci :

De notre frontière occidentale algérienne prolongée jusqu'à la hauteur de Figuig, la ligne de démarcation, laissant au Maroc ce groupe d'oasis, se dirige, en suivant le cours de l'Oued Zousfana, sur Igli, point où cette rivière, réunie à l'Oued Guir, forme l'Oued Saoura. D'Igli, elle se dirige sur le cap Blanc, laissant au nord-ouest le Maroc et la partie des côtes sahariennes dont l'Espagne revendique le protectorat, faisant au contraire entrer dans notre zône d'influence les groupes d'oasis du Gourara, du Touat, du Tidikelt;

Du cap Blanc, elle suit les côtes de l'Atlantique et du golfe de Guinée, jusqu'à Porto-Novo, dans le Dahomey, mais en respectant les enclaves formées, sur ce littoral, par l'état indépendant de Libéria et par les contrées soumises à des puissances européennes autres que la France;

De ce point, elle remonte vers le nord, pour atteindre Saï, sur la rive droite du Niger;

De Saï, qu'on écrit aussi Say, elle se dirige à l'est, sur Barroua, ville riveraine du lac Tchad, de façon, dit la déclaration, « à comprendre dans la zône d'action de la » compagnie (anglaise) du Niger tout ce qui appartient » équitablement au royaume de Sokoto, la ligne restant » à déterminer par des commissaires à désigner »;

Enfin, de Barroua, elle remonte, par R'ât et R'adamès et suivant un tracé qui n'a pas été défini, vers le nord où elle rejoint l'extrémité de la frontière orientale tunisienne.

LA FRANCE PEUT RÉUNIR SES COLONIES D'ALGÉRIE ET DE TUNISIE A SES POSSESSIONS DU SÉNÉGAL ET DU SOUDAN FRANÇAIS. — DIFFICULTÉS QUI PEUVENT SURGIR. — La convention du 5 août 1890 nous permet donc de relier, par le Sahara, nos colonies d'Algérie et de Tunisie à nos possessions du Sénégal et du Soudan français, sans que la diplomatie européenne ait à s'en émouvoir.

Mais si, pour réunir entre eux ces territoires si distants les uns des autres, il a suffi à nos diplomates de teinter de couleurs variées les cartes qu'ils avaient sous la main, la tâche présente plus de difficultés pour ceux qui sont ou seront appelés à faire passer à l'état de fait accompli un projet qui, tout séduisant qu'il soit par son côté grandiose, n'en est pas moins seulement encore un projet.

Est-ce à dire que l'entreprise soit irréalisable ? Non certes ! encore peut-il être utile, étant donné ce que j'appellerai notre base d'opérations, d'examiner les obstacles qui peuvent surgir : de l'éloignement de cette base du but à atteindre; de l'attitude des puissances musulmanes, nos voisines de l'est et de l'ouest, dont les auteurs de la convention du 5 août 1890 ne semblent pas avoir pris l'avis; de la nature des immenses régions à traverser; du caractère des populations qui les habitent; du vague, enfin, et, disons le mot, de l'insuffisance, au point de vue français, de cet accord franco-anglais qui semble, au premier abord, nous avoir fait la part si belle.

Quels que soient les points de départ des expéditions, militaires ou pacifiques, que nous aurons à lancer dans le Sahara, ils seront forcément situés sur la ligne déterminée par les points extrêmes de notre occupation. Cette ligne, que j'ai appelée notre base d'opérations, part d'Aïn-Sefra, dans la province d'Oran, se dirige, au sud-est, sur El-Goléa, et remonte au nord-est, en passant par Ouargla, Tuggurt, les oasis du Souf et celles du Djerid tunisien, pour aboutir à Zarzis, dans le golfe de Gabès, formant un angle obtus dont le sommet est à El-Goléa et qui pénètre, comme un coin, dans le Sahara.

Or, à vol d'oiseau, El-Goléa est à 1,500 kilomètres du Niger, c'est-à-dire que la distance qui sépare notre point extrême d'occupation du grand fleuve du Soudan est égale à deux fois et demie la distance qui sépare ce même point de notre capitale algérienne.

Veuillez remarquer, Messieurs, que j'ai dit : « à vol d'oiseau. » Si nous tenons compte des sinuosités de la route, il faut compter d'Alger à El-Goléa environ 900 kilomètres répartis en 34 jours de marche, soit 42 jours de route (séjours compris) pour les troupes. Si, dans le Sahara, le terrain est un peu moins mouvementé, par contre les points d'eau, qu'il faut aller chercher où ils se trouvent, obligent à bien des détours, les routes n'y sont pas tracées, le terrain est très souvent sablonneux, ou semé de cailloux, ou miné par les rats, toutes choses qui retardent la marche et la rendent fort pénible. Nous pouvons donc, je crois, nous baser sur la proportion que j'indiquais tout à l'heure et, considérant d'une part que deux fois et demie 42 font 105 et, d'autre part, que des incidents de route retardant la marche sont à prévoir, conclure que, dans les conditions actuelles, une expédition, quelle qu'elle soit, mettra, au minimum, de trois mois et demi à quatre mois pour se rendre d'El-Goléa au Niger.

L'armée française a fait et fera encore des choses plus extraordinaires ; il n'en est pas moins vrai que les difficultés matérielles d'une telle entreprise sont en raison directe de la distance à franchir, et que, plus nous rapprocherons notre base d'opérations de notre objectif, moins il nous faudra d'hommes, d'argent et de temps pour frapper, si cela devenait nécessaire, un coup décisif.

Or, précisément, l'accord du 5 août 1890 nous permet de réduire de près d'un tiers la distance appréciée tout à l'heure, par la prise de possession des groupes d'oasis du Touat, du Gourara, du Tidikelt, groupes indépendants, bien que le Sultan du Maroc ait des prétentions à leur suzeraineté, et dont l'occupation nous rendrait maîtres de la route de Tin-Bouktou.

Quelle est l'importance de ces groupes d'oasis? c'est ce que nous allons examiner :

Du méridien d'Alger au cap Blanc, dans une direction nord-est sud-ouest, c'est-à-dire sensiblement parallèle à la côte, et à une distance moyenne de celle-ci d'environ 400 à 500 kilomètres, se développent d'immenses espaces couverts de dunes qui forment, entre les contrées méridionales de la partie occidentale de l'Algérie et du Maroc, et le Sahara proprement dit, une barrière qui serait presque infranchissable si la nature ne s'était chargée d'y pratiquer une large brèche : la vallée de l'Oued Saoura, Messaoura ou Nsaoura.

Cette vallée, ainsi que nous l'avons vu déjà, est formée par la réunion de celles de l'Oued Zousfana et de l'Oued Guir dont le confluent est à Igli, point d'où la limite tracée par la convention du 5 août 1890 se dirige sur le cap Blanc. Igli est situé à l'entrée de la brèche dont je parlais il y a un instant et qui a la forme générale d'un vaste entonnoir dont le pavillon, d'une ouverture d'environ 150 kilomètres, est tourné du côté du Maroc.

La masse de dunes située à l'ouest de la coupure est désignée sous le nom de Erg d'Iguidi; celle qui est située à l'est, sous la simple dénomination de Erg.

Disons, en passant, que le mot Erg (au pluriel Areg ou Aroug) est un mot arabe qui signifie « Veine. » Il a, ici, un sens générique et désigne de vastes espaces couverts de grandes dunes. Dans la langue que parlent les Touareg, il se traduit par le mot Édéi (au pluriel Edeyen) que nous retrouverons au cours de cette étude.

Les Oasis de l'Oued Nsaoura. — Igli est situé, par rapport à l'Erg et à l'ouest de celui-ci, dans une position à peu près symétrique à celle qu'occupe, à l'est, l'oasis d'El-Goléa, et sur la rive gauche de l'Oued Zousfana et de l'Oued Guir, à hauteur de leur confluent.

L'Oued Zousfana, dont la direction est nord-sud, longe la base de l'Erg dont il suit les sinuosités. L'Oued Nsaoura suit la même direction, baignant le ksar ruiné d'Akkacha, puis ceux de Mouïzer, d'Ouarouzout, des Beni-Abbès. Après un parcours d'environ 50 kilomètres et à hauteur du ksar Tametert, qui fait partie du groupe d'oasis des Ouled Choder, l'Oued Nsaoura est rejeté au sud-est par une chebka formée, comme celle du Mzab, de montagnes de grès noir; il coule entre cette chebka et l'Erg, arrosant successivement :

1° La r'aba des Ouled Choder qui est située dans un élargissement de la vallée où sont groupés onze ksour : Iddir, ksar Bel-Haddou, El-Ouata, Bou-Hadid, Bou-Khelouf, Hammaz, ksar El-Mâ, En-Nefid, El-Maja, Aguedal et El-Beïada;

2° Les oasis isolées de Guerzim, Beni-Ykhelef, Bou-Rechba (ksar en ruines), Zaouïet-el-Kebira, Kerzaz;

3° Le ksar en ruines de Hammech;

4° Le groupe d'oasis des Graoua qui comprend les six ksour de Timmoudi, Ouled-Kebir, Ouled-Raffa, Sidi-Ali, Tin-R'arin et Kessabi.

Tous ces centres de population forment ce qu'on appelle les oasis de l'Oued Nsaoura.

ORDRE RELIGIEUX DES KERZAZYA. — Un seul mérite de retenir un instant notre attention : c'est Kerzaz, capitale d'un ordre religieux qui y fut fondé, à la fin du XVIe siècle, par un membre de la grande famille des Idrissites, Si Ahmed ben Moussa el Hassani. Cet ordre, dit « de Mouley Kerzaz, » « des Kerzazin, » ou plus correctement « des Kerzazya,. » qui dérive de l'ordre principal des Chadelya, est, chose assez rare, un ordre à tendances démocratiques : protéger le Ksourien contre l'arrogance et les exigences du Nomade, telle a été, de tout temps, la ligne de conduite du chef de l'ordre, du « Mouley Kerzaz » (maître de Kerzaz) ainsi que l'appellent les adeptes.

« *Il y a, dans ce fait* », dit le commandant Rinn dans son livre intitulé « Marabouts et Khouan », « *le principe d'une rivalité possible avec une autre congrégation Chadelya du Maroc, celle des Zianya qui, eux, s'adressent surtout à l'élément nomade.* »

La zaouïa-mère est très pauvre, les chefs de l'ordre ayant toujours pratiqué ce qu'ils enseignent : la pauvreté, le renoncement aux biens terrestres ; mais l'organisation n'en est pas moins très forte, très centralisatrice, et l'ordre compte de nombreux Khouan, non-seulement dans la vallée de l'Oued Nsaoura et au Touat, mais encore dans toutes les tribus de l'est et du sud Marocains, et même dans le sud-ouest de la province d'Oran où on en connaît près de trois mille.

Le « Mouley Kerzaz » a toujours montré beaucoup de déférence à notre égard; depuis 1881 surtout, date de l'avènement du grand maître actuel, Si Ahmed ben Sid el Kebir bou Hadjadja, les relations ont été des plus cordiales entre le gouvernement français et ce personnage qui a été jusqu'à nous offrir son entremise, pour ramener une partie de nos dissidents réfugiés au Maroc.

Les Khouan Kerzazya affectent, du reste, de se tenir à l'écart de la politique, tant intérieure qu'extérieure.

Ils sont reconnaissables à leur chapelet dans lequel est passé un anneau en fer d'un diamètre suffisant pour qu'il puisse glisser au-dessus des grains.

Une de leurs pratiques, imposée sans doute, consiste à n'accepter, des personnes étrangères à leur ordre, fussent-elles musulmanes, aucun aliment qui n'aurait pas été préparé spécialement pour eux ; « *ce n'est* » *pas, d'ailleurs,* » dit le commandant Rinn « *que ces* » *aliments aient besoin d'une préparation particulière,* » *il suffit qu'ils aient été cuits et servis à part. Aussi,* » *les Kerzazya, invités à un repas où il y a déjà* » *d'autres personnes, s'excusent-ils toujours.* »

Revenons à l'Oued Nsaoura que nous avons quitté à Kessabi, la dernière des oasis des Graoua. Là, la vallée s'élargit, l'Erg s'échancrant au nord et la Chebka au sud ; puis celle-ci, resserrée entre la Sebkha d'Aïn-Dobb et l'Oued Nsaoura, se termine en une pointe qui se relève vers le nord, comme si elle voulait barrer encore la route à la rivière, tandis qu'une autre pointe de Chebka, surgissant sur la rive gauche, semble avoir voulu concourir au même but, mais sans avoir pu l'atteindre.

L'Oued, changeant de direction, prend celle du sud, franchit ce défilé, dit Foum el Kheneg, et y laisse son nom pour prendre celui d'Oued Messaoud.

Vallée de l'Oued Messaoud. — Situation du Touat, du Tidikelt et du Gourara. — L'Oued Messaoud conserve la direction générale nord-sud, jusqu'au Hassi ben Ahmed situé à 60 kilomètres environ de Foum el Kheneg ; reprend celle du sud-est et, à 40 kilomètres environ au-delà du Hassi, atteint les premiers palmiers du groupe d'oasis de Bouda : c'est là que commence le Touat.

Les dernières dunes de l'Erg s'arrêtent à hauteur du Hassi ben Ahmed, celles de l'Erg d'Iguidi se continuent, parallèlement au cours de l'Oued Messaoud.

Celui-ci traverse le groupe de Bouda, reprend la direction nord-sud, arrose les groupes de Timmi, Fennour'in, Tamest, Zaga, Kounta, où il reprend la direction du sud-est, In-Zegmir, Tilloulin, Sali, Reggan, et vient se perdre dans les sables d'Iguidi, en sortant de ce dernier groupe et au point même où, si les renseignements qu'on possède sur cette région sont exacts, la lisière de l'Erg d'Iguidi tournerait, presque à angle droit, au sud-ouest.

Nous reviendrons, en détail, sur ces groupes dont l'ensemble constitue le *Touat*.

A hauteur du groupe de Tamest, la vallée de l'Oued Messaoud qui, depuis le Hassi ben Ahmed, n'avait aucune barrière à sa gauche, est dominée, de ce côté, par des falaises abruptes qui vont, s'élevant, jusqu'à l'extrêmité du groupe de Reggan où, sous un angle de 70 degrés environ, elles prennent la direction générale du nord-est.

Ces falaises bordent le gradin inférieur du Tadmaït, vaste plateau à double étage qui sépare les bassins de l'Oued Rir' et de l'Oued Nsaoura et qui, ainsi que nous venons de le voir, s'avance comme un long promontoire, jusqu'aux dernières oasis du Touat.

Si, de Reggan, on remonte au nord-est, en suivant le pied du gradin inférieur du Tadmaït, on rencontre les groupes de l'Aoulef, d'In-R'ar, d'In-Salah, qui, avec ceux moins importants de Tit et d'Akabli, constituent les oasis du *Tidikelt*.

Enfin, si, partant d'El-Goléa, on suit le bord méridional de l'Erg, comme pour se diriger sur le Foum el Kheneg, où l'Oued Nsaoura devient l'Oued Messaoud, on rencontre, à une centaine de kilomètres avant ce dernier point, une immense sebkha autour de laquelle se développent de nombreux groupes d'oasis : c'est le *Gourara*.

IMPORTANCE DE CES TERRITOIRES. — Un simple coup d'œil jeté sur la carte permet d'apprécier toute l'importance des territoires qui nous occupent : il est évident que la Puissance qui sera maîtresse du Touat, du Tidikelt et du Gourara, le sera, *ipso facto,* de toutes les voies qui mettent en communication le Soudan avec notre sud-ouest algérien et avec l'Empire du Maroc. Nous avons donc tout intérêt à être cette Puissance : d'abord, pour sauvegarder la liberté de nos débouchés sur le Sahara ; puis, pour empêcher d'autres influences de se substituer à la nôtre ; enfin, pour utiliser, à notre profit, les ressources de contrées que nous n'avons encore considérées que dans leur ensemble et que nous allons étudier avec plus de détails.

L'étude de la géographie du Sahara présente une petite difficulté qu'il est bon de signaler en passant : c'est que les mêmes lieux sont souvent désignés par deux, trois noms différents, suivant que l'homme qui donne le renseignement est un Arabe, un Targui ou un Nègre ; c'est ainsi qu'El-Goléa s'appelle aussi El-Meniâ et Taourirt, qu'Agadès devient Idjedah, etc..., c'est ainsi que beaucoup d'étrangers, et notamment les Touareg, comprennent dans l'unique appellation de Touat, le Touat proprement dit, le Gourara et le Tidikelt, tandis que les habitants du pays donnent un nom particulier à chacune de ces agglomérations qui sont, en effet, complètement distinctes les unes des autres.

LE GOURARA. — Le Gourara est la plus septentrionale des régions que nous avons à étudier.

Il est limité : au nord et à l'ouest, par le massif presque impénétrable de l'Erg ; à l'est, par les falaises de l'étage inférieur du Tadmaït ; et il s'étend, au sud, jusqu'au 28ᵉ degré environ de latitude nord, sans qu'il soit possible de lui assigner de limite fixe de ce côté.

Son nom paraît être une corruption du mot « *Guerara* » qui, avec une idée augmentative, a la même signification que le mot « *Daïa* » et désigne une vaste cuvette où les eaux, séjournant plus ou moins longtemps, humidifient le sol et permettent à la végétation arborescente de se développer.

La sebkha du Gourara n'est, en effet, que le fond d'une dépression de ce genre. Le commandant Deporter, dans son récent ouvrage « *Extrême sud de l'Algérie,* » pense que l'Oued Meguiden, qu'il considère comme la continuation de l'Oued Seggeur et qui reçoit lui-même toutes les eaux des versants du Tadmaït, déverse ses eaux souterraines dans le vaste bas-fond du Gourara. Il en est probablement de même de l'Oued Nâmous, à en juger par la direction de son cours au moment où il disparaît sous les sables de l'Erg.

Le Gourara comprend douze groupes ou districts, savoir :

1° L'Aouguerout ou Bled el Khenafsa, avec les oasis isolées d'Oufran, des Ouled Mahmoud et de Kaberten,

2° Tin-Erkouk ou Bled el Meharza,

3° El-Djereïfet,

4° Timimoun,

5° Ouled Saïd,

6° Charouin,

7° Teganet,

8° El-Haïha,

9° Deremcha,

10° Tsabit,

11° Zoua et Deldoun,

12° Sba.

Ces douze districts sont disséminés sur une superficie évaluée à 500 kilomètres carrés; on n'y compte pas moins de 2,500,000 palmiers produisant des dattes de bonne qualité.

La population est d'environ 75,000 âmes pouvant armer 1,800 cavaliers et de 17 à 18,000 fantassins en chiffres ronds.

Au point de vue des races, le commandant Deporter la décompose ainsi :

Cheurfa	2.762
Arabes	16.416
Zenata	23.356
Harratin	17.913
Nègres	13.099
TOTAL	73.546

Les Cheurfa (au singulier Cherif) sont les Arabes nobles d'origine. Tout Musulman qui peut, au moyen de titres en règle, établir qu'il descend de Fathma-Zohra, fille du Prophète, est réputé Cherif. Il va sans dire que rien n'est moins authentique que la filiation des Cheurfa du XIVe siècle de l'Hégire, mais, authentique ou non, elle est admise et vaut, à ceux qui se l'attribuent, honneurs et considération. Les Cheurfa sont nombreux dans les contrées qui nous occupent; ils y exercent une autorité incontestée, ils y forment une caste à part, ce qui justifie la classification du commandant Deporter.

Les Zenata sont les descendants dégénérés des anciens maîtres du Maghreb. Asservis par les conquérants arabes, ces Berbères n'ont plus rien qui rappelle le fier et glorieux passé de leurs ancêtres : ce sont les vassaux des nomades.

Les Harratin (au singulier Hartani) sont des gens de couleur, issus d'unions entre blancs et négresses. Ce sont de robustes travailleurs, d'humeur très pacifique, très sociables; ils s'emploient généralement comme khammès.

Les Nègres sont arrivés dans le pays comme esclaves; il en arrive encore. Les uns sont restés dans leur condition; d'autres, affranchis, sont demeurés là où la Providence les avait amenés et y ont fait souche.

Au point de vue politique, la population du Gourara est divisée en deux soffs, celui des Ihamed et celui des Soffian.

Il faut remonter bien loin dans l'histoire, pour trouver l'origine de ces deux soffs; voici ce qu'en dit Ibn-Khaldoun, dans son « *Histoire des Berbères* » (pages 61 et suivantes) :

« *La tribu des Soffian est comptée au nombre de*
» *celles qui descendent de Djochem. Ce Djochem, dont*
» *le nom nous est si familier, était fils de Maouia, fils*
» *de Bekr, fils de Houazan, s'il n'appartenait pas à*
» *quelque autre famille. Sous le règne du Sultan*
» *Almohade El-Mamoun et du temps de ses fils, la tribu*
» *des Soffian eut pour chef Djermoun, fils d'Eïça, per-*
» *sonnage appartenant à la famille des Beni-Corra, s'il*
» *faut en croire un auteur qui a composé une histoire*
» *des Almohades. Pendant longtemps les tribus des*
» *Soffian et de Kholt se livrèrent à des hostilités*
» *mutuelles et, comme les Kholt étaient attachés à la*
» *cause d'El-Mamoun et de ses fils, les Soffian prêtèrent*
» *leur appui à Yahia Ibn En Nacer qui disputait à ce*
» *prince le Khalifat du Maghreb. Er Rechid, fils d'El-*
» *Mamoun, ayant fait mettre à mort Mesoud Ibn*
» *Hamidan, chef des Kholt, ceux-ci prirent le parti de*
» *Yahia Ibn Nacer et les Soffian passèrent aussitôt du*
» *côté d'Er Rechid, vers l'an 638 de l'hégire.* »

L'an 638 de l'hégire a commencé le 23 juillet 1240, pour finir le 11 juillet 1241, les Sahariens de 1891 sont donc bien excusables de ne pas avoir gardé un souvenir précis du point de départ de leurs dissensions. Celles-ci n'en sont pas moins vives et, à l'heure actuelle, les partis peuvent se classer ainsi au Gourara :

Appartiennent généralement au Soff des Ihamed, dont les tendances nous seraient les moins hostiles, les gens d'origine arabe (Khenafsa, Meharza) : les conquérants ;

Appartiennent, tout naturellement, au Soff des Soffian, les Zenata de race berbère, anciens possesseurs du sol : les vaincus. Ceux-ci nous sont franchement hostiles ; ce sont les auxiliaires des intrigues marocaines dont nous aurons à parler dans un instant.

Au point de vue religieux, quatre ordres se partagent la population du Gourara : ceux de Mouley-Taïeb, de Sidi Abd-el-Kader El-Djilani, des Ouled Sidi Cheikh et de Mouley Kerzaz. M. Duveyrier y a signalé, en outre, dès 1884, la fondation, récente alors, d'une zaouïa senoussienne.

L'ordre de Mouley-Taïeb, ou des Taïbya, a aujourd'hui pour chef le cherif d'Ouazzan, Si Abd es Sellem ben El-Hadj el Arbi, parent de l'Empereur du Maroc, marié à une Anglaise et dont les sympathies pour la France sont bien connues : il les a poussées au point de demander une naturalisation que des raisons de haute politique n'ont pas permis de lui accorder, et il fait élever un de ses fils au lycée d'Alger.

Mais si le grand maître de l'ordre nous est favorable, nous ne devons pas, pour cela, nous endormir dans une sécurité trompeuse : l'ordre des Taïbya est encore plus politique que religieux et, si l'Empereur du Maroc est souvent dirigé par lui, il arrive aussi que, soit par intérêt, soit pour toute autre cause, les Taïbya ne sont que les dociles instruments de la volonté impériale.

L'ordre de Sidi Abd-el-Kader El-Djilani, ou des Kadrya, dont les statuts sont empreints d'un grand esprit de tolérance, ne nous est pas hostile : beaucoup de nos chefs indigènes et des plus dévoués y sont affiliés.

L'ordre des Ouled Sidi-Cheikh, ou des Cheikhya, a pour

chefs les descendants du grand Sidi-Cheikh Abd-el-Kader ben Mohammed, mort en 1615 (1023-24 hégire), en odeur de sainteté, et plus particulièrement Si Kaddour ben Hamza, personnage aux allures plus que suspectes. Les Ouled Sidi-Cheikh, après être restés pendant vingt ans en insurrection, ont fait leur soumission en 1884; Si Kaddour, sans se refuser formellement à venir camper sous Géryville, comme cela avait été stipulé, demeure avec sa zmala au Hassi Bouzid; des renseignements qu'il n'a pas encore été possible de contrôler ont été jusqu'à le représenter comme l'un des instigateurs de l'assassinat du lieutenant Palat en 1886, ce qui ne l'a pas empêché de protester de ses bonnes intentions et même de venir saluer, l'année dernière, le Général commandant la division d'Oran. Sous le couvert de la religion et en se servant du prestige attaché au nom vénéré de leur ancêtre, les Ouled Sidi-Cheikh ont, en somme, réuni leurs clients en une sorte de congrégation qui n'a guère, en réalité, de religieux que le titre et qui, suivant que l'intérêt politique le leur conseillera, sera, entre leurs mains, comme le sabre de M. Prudhomme, un instrument destiné à soutenir notre influence, et au besoin à la combattre.

Nous avons vu déjà quelles étaient les tendances de l'ordre de Mouley Kerzaz.

Quant à celles des Senoussya, qui nous sont foncièrement hostiles, elles nécessitent un examen spécial; nous y reviendrons.

J'ai dit, tout à l'heure, que le Gourara comprenait douze districts. Il ne faudrait pas en conclure que nous sommes en présence d'un état organisé, avec un pouvoir central à la tête de la confédération et des chefs locaux pour chaque district. Rien de tout cela n'existe : chaque centre a son autorité particulière : aristocratique, religieuse ou démocratique, suivant l'origine de l'élément dominant dans sa population. Quant au pouvoir central, il n'existe pas : tout au plus, dans un moment de crise, les appréhensions communes amèneraient-elles les Gourariens à prendre le mot d'ordre à Timimoun qui est le point le plus important, la capitale en quelque sorte de la confédération.

La population du Gourara est nombreuse, aussi fournit-elle, à l'émigration, un contingent qu'on peut évaluer à environ 400 hommes adultes, tous Harratin ; les querelles de Soffs, l'état d'anarchie du pays, les haines de race y contribuent autant que l'insuffisance des productions du sol. Les émigrants vont un peu partout, on en trouve : au nord, jusqu'à Alger et dans les autres villes du littoral ; au sud, jusqu'à Belessa où ils s'emploient comme khammès des Touareg de l'Ahnet.

Les douze districts du Gourara ne comprennent pas moins de cent neuf ksour ; leur énumération serait trop longue, je me bornerai à passer rapidement en revue les groupes principaux, en appelant votre attention seulement sur les points qui me paraîtront de nature à la retenir :

1° L'*Aouguerout*, ou *Bled el Khenafsa* (pays des Khenafsa) comprend quatorze ksour, parmi lesquels on fait figurer les oasis isolées d'Oufran, des Ouled Mahmoud et de Kaberten, bien que, politiquement, ces deux dernières dépendent à proprement parler de Deldoun et Oufran de Timimoun. Le ksar le plus important, qui est aussi le plus septentrional, est Bou Guemmâ dont la population est presque entièrement composée d'Arabes de la tribu des Ouled Yaïch. Les Arabes de cette tribu et de celle des Khenafsa sont les maîtres du pays, ce sont des serviteurs fervents des Ouled Sidi-Cheikh.

La population de l'Aouguerout est d'environ 6,500 âmes ; elle peut armer 1,400 fantassins et 480 cavaliers. La race arabe domine. Les ordres des Kadrya et des Taïbya se partagent ceux des Fidèles qui ne sont pas inféodés aux Ouled Sidi-Cheikh.

Le nombre des palmiers est d'environ 500,000 ; les dattes qu'ils produisent sont d'excellente qualité et font l'objet d'un commerce d'échange important. Les Châanbâa, les Trafi, les Hamyan, les Laghouat-Ksel, les Ouled Sidi-Cheikh, les caravanes de l'est venant du Mzab, d'Ouargla, de Laghouat, viennent s'en approvisionner et rapportent, en retour, du beurre, de l'huile et surtout des céréales.

L'Aouguerout est arrosé au moyen de très nombreuses « *Feggaguir.* » Ce mot demande à être expliqué.

Les Feggaguir (au singulier Foggara) sont des puits à galerie s'embranchant sur une artère principale destinée à draîner toute l'eau d'une dépression et à la répartir ensuite, suivant un tour établi, entre les jardins qui se développent à son débouché. La construction d'une foggara demande un travail considérable et des ouvriers habiles : on commence par creuser, en amont des terrains à arroser, des puits verticaux, puis on les réunit entre eux par des galeries souterraines assez élevées pour qu'un homme puisse s'y tenir debout, galeries à peu près horizontales, mais à pente réglée et inclinée, vers le terrain à irriguer, de manière à obtenir un courant continu. Une galerie centrale, construite d'après les mêmes principes, collecte toutes ces eaux et complète le système. Les orifices des puits verticaux font office de regards.

Ce mode d'irrigation est employé, non seulement dans le Gourara, mais aussi au Touat, au Tidikelt ; on le retrouve dans le Fezzan ; il existe même, à El-Goléa, une foggara qui ne fonctionnait plus en 1885 et qui avait été créée pour arroser un jardin appartenant aux Ouled Sidi-Cheikh.

Le district de l'Aouguerout ne fournit à l'émigration qu'un contingent très insignifiant : un vingtième seulement de la population Hartania mâle adulte, soit de 15 à 20 hommes au plus.

La distance entre El-Goléa et Bou Guemmâ, principal ksar de l'Aouguerout, est de 340 kilomètres environ.

2º Le *Tin-Erkouk* ou *Bled El-Meharza* (pays des Meharza), situé au sud de l'Erg, se compose de deux groupes que sépare une distance de trente kilomètres environ : celui de l'est comprend dix ksour, dont le principal est Tabelkouza ; celui de l'ouest n'en compte que cinq dont le plus important est Sidi-Mansour.

Une route relativement bien tracée relie le Tin-Erkouk à El-Goléa : elle mesure environ 240 kilomètres.

Les palmiers, au nombre de 160,000 environ, donnent d'excellents produits.

La population est de 4,600 âmes; elle peut armer 1,150 fantassins et 390 cavaliers; les Harratin adultes fournissent, seuls, à l'émigration, un contingent d'une quinzaine d'individus.

Le Tin-Erkouk est habité presque exclusivement par la tribu arabe des Meharza qui, comme celle des Khenafsa, est complètement inféodée aux Ouled Sidi-Cheikh.

Au point de vue religieux, les influences sont les mêmes que dans l'Aouguerout.

Au point de vue politique, le soff Ihamed est prépondérant.

Les relations commerciales, la nature des produits échangés sont les mêmes que dans l'Aouguerout.

L'eau est fournie par des feggaguir, par des puits ordinaires *(Hassian,* au singulier *Hassi)* et par des puits à bascule *(Rerariz,* au singulier *Rerraz.*

Le Rerraz est employé partout où la nappe aquifère est à une faible profondeur, comme à El-Goléa par exemple; voici en quoi consiste le système : une longue perche, basculant sur un pivot placé au quart environ de sa longueur, porte, à son extrémité antérieure, une corde terminée par un *dhelou* (seau en cuir) ou par tout autre récipient, et, à l'autre extrémité, une ou plusieurs grosses pierres dont le poids est égal ou même un peu supérieur à celui du dhelou plein d'eau. Un ou deux hommes se placent, debout, sur une poutre qui traverse le puits un peu au-dessous du niveau du sol et perpendiculairement à la perche. Le dhelou est abaissé par une simple traction sur la corde ; quand il est plein, le contre-poids le remonte à l'orifice où un autre homme le reçoit et en verse le contenu dans un bassin incliné qui est en communication directe avec la séguia. — Malgré la position dangereuse qu'occupent les hommes placés sur la poutre, souvent vermoulue, les accidents sont rares ;

3° *El-Djereïfet* (les escarpements, au singulier *Djorf*). Ce district doit son nom à la position qu'occupent plusieurs de ses quinze ksour, bâtis au pied des falaises qui bordent, à l'est, la grande sebkha du Gourara.

Il est habité par la fraction des Ouled Habbès, de la tribu arabe des Khenafsa, qui y domine comme nombre et comme influence.

Les Ouled Habbès sont les serviteurs dévoués des Ouled Sidi-Cheikh ; le reste de la population est aux Taïbya.

Le soff prédominant est celui des Ihamed.

La population est de 6,200 âmes ; elle peut mettre sur pied 1,400 fantassins et 150 cavaliers ; elle fournit à l'émigration de 15 à 20 Harratin.

Le commerce et les productions du sol sont les mêmes que ceux des districts précédents.

Les palmiers, au nombre de 475,000, sont arrosés par des puits ordinaires et des feggaguir.

Le ksar le plus important d'El-Djereïfet est El-Hadj Guelmam : c'est là que le commerce est le plus actif. Ce ksar est absolument à la dévotion de Si Kaddour ben Hamza ; ce fut l'une des dernières étapes du lieutenant Palat, assassiné en 1886, au cours d'une exploration entreprise par lui dans des conditions qui ne pouvaient que lui être fatales ;

4° *Timimoun* est le district le plus important du Gourara au point de vue politique ; c'est aussi le plus peuplé. Il est situé sur la rive méridionale de la sebkha du Gourara et ses 27 ksour sont bâtis au pied des escarpements qui en forment la ceinture de ce côté.

Le plus important de ces ksour est celui de Timimoun, qui a donné son nom au district et qui, comme nous l'avons vu, peut être considéré comme la capitale du Gourara. Les Zenata y sont en très grande majorité, comme du reste dans tout le district où le soff Sofflan est prédominant.

L'ordre religieux le plus suivi est celui des Taïbya, celui des Kadrya vient en seconde ligne.

Les 700,000 palmiers du district de Timimoun, arrosés par de nombreuses feggaguir, produisent des dattes qui passent pour les meilleures de la contrée, et comme ils en produisent beaucoup, le ksar de Timimoun est le centre d'un commerce très actif et le marché le plus important du Gourara. Quelques-uns de ces palmiers croissent dans la sebkha elle-même et y réussissent fort bien.

La sebkha, soit dit en passant, n'est pas la grande masse d'eau que les cartes géographiques pourraient faire supposer : c'est un vaste bas-fond qui mesure environ 40 kilomètres dans sa plus grande longueur et 50 dans sa plus grande largeur; on y recueille du sel blanc d'excellente qualité. En été, le plafond de la sebkha est sec, dur et peut être parcouru en tous sens sans aucun danger; pendant l'hiver, les pluies le rendent humide et boueux, mais il faut que ces pluies aient été bien abondantes pour qu'il se recouvre d'une mince couche d'eau : cette eau est alors fortement imprégnée de sel.

La population du district de Timimoun est évaluée à 22,000 âmes; elle peut armer 5,800 fantassins et 580 cavaliers; elle fournit à l'émigration un contingent de 50 à 60 Harratin mâles adultes;

5° Le district des *Ouled Saïd*, situé sur le bord septentrional de la sebkha du Gourara, ne compte que trois ksour dont le principal, Ksar El-Kebir, est, après Timimoun, le marché le plus important du Gourara. Il s'y fabrique du charbon de bois réputé de qualité supérieure et qui se répand dans tout le Gourara.

Les 280,000 palmiers du district produisent des dattes très estimées; ils sont arrosés par des puits et des feggaguir.

La population, où l'élément berbère domine, est de 4,550 âmes; elle peut armer 1,100 fantassins et 34 cavaliers. Les Harratin mâles adultes qui émigrent sont au nombre de 180 environ.

Le soff Ihamed et l'ordre religieux des Taïbya sont prédominants;

6° Le district de *Charouïn* est situé sur le bord occidental de la Sebkha, dans les dernières dunes de l'Erg de ce côté; il comprend quatre ksour dont le principal est Charouïn, appelé aussi Ksar-el-Kebir. Chaque ksar possède des puits et des feggaguir.

Les palmiers, au nombre de 41,500 seulement, suffisent strictement aux besoins de la population qui se livre à la fabrication du charbon et fait commerce du bois qu'elle va chercher dans l'Erg où il est très abondant. Elle élève aussi quelques chameaux, moutons et chèvres.

La population, où l'élément berbère domine, est de 3,100 âmes; elle peut armer 770 fantassins et 15 cavaliers. L'émigration est nulle.

Le soff Ihamed est prédominant; les ordres religieux des Kadrya et des Taïbya se partagent également l'influence;

7° Le district de *Teganet* est situé sur le bord septentrional de la Sebkha, dans les dernières dunes de l'Erg; il compte sept ksour dont le plus important est Teganet.

On pourrait répéter mot pour mot, à l'égard de ce district, ce qui a été dit du précédent, avec ces seules différences :

Le soff Soffian et l'ordre des Taïbya sont prépondérants ;

Le nombre des palmiers est de 29,000 ; ils sont arrosés au moyen de puits et de feggaguir.

La population, évaluée à 3,600 âmes, peut mettre sur pied 835 fantassins et 14 cavaliers ;

8° Le district d'*El-Haïha*, situé sur la rive nord de la Sebkha, comprend cinq ksour dont le plus important porte les trois noms de El-Haïha, Ksar-el-Kebir, Ksar-ez-Zenata.

Les habitants se livrent à la fabrication du charbon, quand ils ne sont pas occupés à lutter contre l'envahissement des sables.

Ils sont au nombre d'environ 2,000 et peuvent armer 470 fantassins et 4 cavaliers. La race berbère est la plus nombreuse. Quelques Arabes de la tribu des Ouled-Daoud habitent le Ksar-el-Arab (ou Tazzat). L'émigration est nulle.

Le soff Ihamed est prédominant, l'ordre des Taïbya est seul suivi.

Les palmiers, au nombre de 17,500, sont arrosés par des puits et des feggaguir ; ils suffisent à peine aux besoins de la population ;

9° Le district de *Deramcha* comprend quatre ksour dont le principal est El-Metarfa. Ce ksar tire son nom de celui de la tribu arabe qui domine, dans le district, par le nombre et par l'influence.

Les 60,000 palmiers du district, arrosés par des feggaguir, donnent de bons et nombreux produits ; le commerce est pourtant peu actif, ce qui tient à ce que les Deramcha sont en dehors de la route des caravanes. Il se fabrique toutefois, dans les quatre ksour, des tissus de laine que leur finesse fait rechercher.

La population est d'environ 3,000 âmes ; elle peut armer 700 fantassins et 18 cavaliers ; l'émigration est presque nulle : une dizaine tout au plus de Harratin mâles adultes s'expatrie.

Le soff Ihamed est prédominant. L'ordre des Taïbya a seul des adeptes;

10° Le district de *Tsâbit* est situé à 36 kilomètres au sud-ouest du précédent, et à 40 kilomètres seulement à l'est du Hassi ben Ahmed et de l'Oued Messaoud.

Le voyageur arabe El-Aïachi, qui l'a parcouru en 1073 de l'hégire (1662-63 de J.-C.), en parle dans les termes suivants :

« *Les bourgades de Tsâbit sont le rendez-vous des*
» *caravanes qui viennent de Tin-Bouktou, du canton*
» *d'Agri et des différentes parties du Soudan. On y*
» *trouve des étoffes de toute espèce et des marchandises*
» *de tout genre qui y arrivent en grande quantité. C'est*
» *l'entrepôt des articles qui viennent du Maroc à la*
» *demande des gens du Soudan, tels que chameaux,*
» *vêtements de drap et de soie; de sorte qu'une cara-*
» *vane qui se rend à Tsâbit y trouve un marché impor-*
» *tant.* »

Cette citation m'a paru intéressante, non qu'elle dépeigne encore exactement le Tsâbit de nos jours, mais parce qu'elle prouve que les ksour du Gourara étaient connus, au bas mot, depuis près de deux siècles, lorsque fut conclu le traité de 1845, qui détermine les droits respectifs de la France et du Maroc dans le Sahara, et où il est dit que : « *le pays situé au sud des ksour de*
» *Figuig, Ich, Aïn-Sefra*, etc.... « *est inhabitable, que*
» *c'est le désert proprement dit* » et que, par suite, il n'y a pas à s'en occuper.

Aujourd'hui, le commerce du Tsâbit n'a plus, à beaucoup près, l'importance signalée par El-Aïachi; cependant, de nombreuses caravanes y viennent, notamment de l'Ouest, échanger leurs céréales, leur beurre, leur huile contre des dattes et du charbon. Elles importent aussi des étoffes (cotonnades, draps), des métaux, des denrées coloniales, etc.

Le Tsâbit comprend onze ksour dont les principaux sont, par ordre d'importance, Brinkan et El-Maïz.

Brinkan a une population de 3,000 âmes, la ville, ouverte, est divisée en huit quartiers, elle possède deux kasba et trois mosquées.

Les habitants font remonter sa construction, qu'ils attribuent à des juifs, à l'antiquité la plus reculée.

El-Maïz est presque aussi peuplé et pourvu d'un mur d'enceinte; cependant il ne marche qu'au second rang.

Les palmiers du Tsâbit, au nombre de 129,000, sont arrosés par des feggaguir; les dattes qu'ils produisent sont très estimées.

On élève, dans ce district, des chameaux, des ânes, des chèvres et une variété de la race ovine à laquelle les indigènes donnent le nom de « *ademan* » et qui n'a ni cornes, ni laine.

La population du district, qui est de 11,000 âmes environ, comprend, sur ce chiffre, près de 6,000 Harratin et de 3,000 Nègres; le reste est Arabe; les Cheurfa sont au nombre de 540.

Le soff Soffian est prédominant; l'influence religieuse appartient aux Taïbya dans six ksour, parmi lesquels Brinkan et El-Maïz; dans les cinq autres, l'ordre des Kerzazya n'a pas de concurrent.

Le Tsâbit peut armer 2,740 fantassins et 70 cavaliers; il fournit à l'émigration un contingent d'environ 75 Harratin mâles adultes;

11° Le district de *Zoua* et *Deldoun*, situé sur la rive sud-est de la Sebkha du Gourara, compte sept ksour dont le principal est Deldoun. C'est près de ce ksar que s'est établi, après sa défaite, le chef de la dernière insurrection du Sud Oranais, Bou-Amama.

La majorité de la population du district est Arabe, appartient au soff Soffian et se partage entre les ordres religieux des Kadrya et des Taïbya; son effectif total est d'environ 5,600 âmes; celui de ses combattants est de 1,400 fantassins et de 40 cavaliers. L'émigration est nulle.

Les 109,000 palmiers du district sont arrosés par des feggaguir; leurs dattes sont très recherchées et donnent lieu à un commerce d'échange assez actif; outre ce commerce, les habitants se livrent à la fabrication de tissus de laine très fins et fort estimés.

12° Le district de *Sbâ* ne comprend que deux ksour fort misérables : Sbâ et Guerara ; ces deux ksour, séparés par une distance de 4 à 5 kilomètres, sont à peu près identiques comme importance ; ils sont habités par des marabouts arabes et par quelques Nègres et Harratin.

Les habitants de Sbâ sont Taïbya, ceux de Guerara sont Kadrya; ils se tiennent, les uns et les autres, en dehors de tout soff politique.

Ce district ne possède que 26,000 palmiers arrosés par des feggaguir. Ils produisent peu, mais les dattes sont d'excellente qualité. Il s'y fait un commerce assez important de salpêtre qu'on extrait du sol et qui constitue la seule richesse du pays.

La population, qui est de 1,200 âmes environ, peut armer 400 fantassins et 4 cavaliers. Elle fournit à l'émigration un contingent de 8 ou 10 Harratin mâles, adultes.

Avant de quitter le Gourara, il convient de noter quelques généralités dont la répétition serait fastidieuse :

Outre le palmier, qui est la principale richesse du pays, les oasis renferment de nombreux arbres fruitiers dont les produits, consommés sur place, contribuent pour une part sérieuse à l'alimentation, au bien-être de la population. Ces arbres sont : l'abricotier, le pêcher, le pommier, le cognassier, le grenadier, le figuier. Sous leur couvert, on cultive des légumes : choux, oignons, navets, fèves, carottes, citrouilles, melons, pastèques, tomates, aubergines, piments. Là où les pâturages manquent, on sème de la luzerne qui réussit très bien et donne un excellent fourrage. On cultive enfin le tabac, le coton, le henné, l'anis, la garance.

Les nomades élèvent des chevaux, des ânes, des chameaux, des chèvres, des moutons.

On trouve, au Gourara, du sel, du salpêtre, de l'alun, de la chaux, du plâtre.

Nous avons vu que, dans les districts voisins de l'Erg, les habitants luttaient contre l'envahissement des sables. Ce qu'est cette lutte, véritable « *lutte pour la vie,* » pour me servir d'une expression à la mode, je vais essayer de vous le dire en quelques mots.

Je n'ai pas eu la bonne fortune de dépasser El-Goléa de plus de 8 à 10 kilomètres, je ne puis donc vous parler « *de visu* » de ce qui se passe au Gourara, mais, il y a onze ans, à pareille époque, j'étais au Souf où les moyens employés sont les mêmes.

La topographie du Souf, comme celle de tous les Areg, est facile à se représenter : Imaginez un filet à mailles irrégulières, étendu horizontalement sur des piquets d'inégale hauteur : les mailles représenteront les arêtes des dunes, et leurs intervalles autant d'entonnoirs de formes et de dimensions variées, dont la profondeur moyenne est de 40 à 50 mètres.

Ceci posé, et étant donné un jardin à créer, on choisit un de ces entonnoirs ; on en débarrasse le centre de la couche de sable qui le recouvre et qui a, généralement, de 3 à 4 mètres d'épaisseur. A cette profondeur, le terrain est plus tassé. Au centre de la partie déblayée, on creuse un puits et on rencontre l'eau ordinairement à 3 ou 4 mètres ; on plante quelques légumes autour du puits et voilà pour la première année. Les années suivantes, on élargit l'espace déblayé et on le creuse, de façon à amener le niveau du fond de l'entonnoir, c'est-à-dire le sol du futur jardin, à 1^{m}50 de la nappe aquifère. Alors seulement on peut planter les jeunes palmiers qui ne pourraient vivre si leurs racines étaient trop près ou trop loin de l'eau. Le sable extrait de l'entonnoir est remonté à l'orifice par des ouvriers qui se servent, pour cela, ou de paniers ou, tout simplement, du pan de leur burnous. Pour empêcher le sable d'envahir de nouveau le jardin d'où on l'a extrait, on plante, au bord de l'entonnoir, du côté des vents régnants et perpendiculairement à leur direction, une haie de branches de palmiers garnies de leurs feuilles et qu'on enfonce profondément du côté opposé, les haies sont disposées dans le sens du vent, pour que le sable chassé par lui ne soit pas arrêté mais, au contraire, poussé dans ces espèces de couloirs. Mais le sable retombe toujours plus ou moins, quoi qu'on fasse, et alors le labeur recommence. نخدم الرّمل *Nekhedem er remel.* (Je travaille le sable), répond mélancoliquement le manœuvre Soufi à qui on demande quelle est sa profession, et si on pousse plus loin l'investigation, on apprend qu'il fait, par jour, cinquante « voyages de sable », et qu'il gagne, par jour, à ce travail, 50 centimes, ou 35 centimes et un repas de dattes.

Combien, parmi nos ouvriers européens si prompts à taxer les indigènes de paresse, consentiraient à faire un tel métier, dans un tel pays et pour un tel salaire ?

LE TOUAT. — Le Touat, qui occupe la partie inférieure de la vallée de l'Oued Messaoud, comprend dix districts, savoir :

1° Bouda,
2° Timmi,
3° Tamentit,
4° Ouled-el-Hadj, ou Bou-Fadhi,
5° Tasfaout et Fennour'in,
6° Tamest,
7° Kounta, ou Ouled-Si-Hammou ben el-Hadj,
8° In-Zegmir ou Touat-el-Henné,
9° Sali,
10° Reggan.

Sa superficie est d'environ 1,200 kilomètres carrés ; sa population est, en chiffres ronds, de 100,000 habitants, qui, d'après le commandant Deporter, se répartissent ainsi :

Cheurfa	10.081
Arabes	25.506
Zenata	8.570
Harratin	33.227
Nègres	17.624
TOTAL	95.008

Le Touat peut mettre sur pied 10,400 hommes dont 10,000 fantassins et 400 cavaliers.

Le nombre des palmiers répartis entre ses 156 ksour est d'environ 3 millions; les dattes qu'ils produisent sont les plus renommées, celles que les Nomades achètent le plus volontiers.

Les divers modes d'irrigation employés sont les mêmes qu'au Gourara ; on remarque seulement que l'eau n'est pas fournie, comme on pourrait le croire, par l'Oued-Messaoud, mais bien par les ravins situés au nord-est et qui lui sont perpendiculaires : c'est dans ces ravins que se trouvent les têtes de toutes les feggaguir.

Comme au Gourara, on cultive dans les jardins des arbres fruitiers et des légumes, du tabac, du coton, du henné, et de plus, certains districts produisent du blé, de l'orge, du maïs, du bechena.

La vallée de l'Oued-Messaoud est très riche en pâturages où on élève chameaux, ânes, chevaux, moutons avec ou sans laine, chèvres. Elle fournit aussi beaucoup de bois qui est, ou vendu, ou transformé en charbon. Une essence particulière, dite *krounka* (calotropis procera, d'après Duveyrier), sert à fabriquer la poudre ; elle forme de véritables forêts dans la vallée de l'Oued-Messaoud.

Parmi les autres productions du sol, on trouve, dans tout le Touat, un sulfate de fer que les indigènes appellent ثملة *(thomela)* qui, trituré avec l'écorce de grenade, donne une belle teinture noire. La thomela est employée aussi dans la fabrication d'une encre indélébile ; on s'en sert également pour combattre les accidents externes de la syphilis.

A El-Mansour, dans le district de Tasfaout, se trouve une mine de natron *(tronia* des Arabes, *ouksem* des Touareg).

Dans les districts de Sali et de Reggan, on rencontre des mines importantes d'où l'on extrait une substance minérale jaunâtre à laquelle les indigènes donnent le nom d'*ouankal;* l'ouankal est employé en teinture et entre, notamment, dans la composition du bleu.

L'industrie locale produit quelques tissus de laine et de coton.

Le Touat est la route naturelle des caravanes qui se rendent du Maroc au Soudan et réciproquement, aussi le commerce y est-il florissant : les caravanes venant du Nord arrivent chargées de céréales, d'huile, de beurre, de denrées coloniales, de cotonnades, de quincaillerie, de fer, cuivre, plomb, etc., et de thé dont les Touatiens font une grande consommation, l'usage du café étant peu répandu parmi eux.

La grande caravane annuelle « *akabar* » du Soudan apporte de l'ivoire, de la poudre d'or, de l'or ouvré, du « *bekhour* », parfum du Soudan très apprécié, des ustensiles en bois, des plumes d'autruche. Elle amène surtout des esclaves nègres, de tous âges et des deux sexes, qui sont vendus au Touat même, au Tidikelt ou dans le Tafilalet.

Le nombre des esclaves ainsi vendu chaque année est d'environ 1,200.

La population du Touat est, comme celle du Gourara, divisée entre les deux soffs Ihamed et Soffian.

Au point de vue religieux, les Kadrya et les Taïbya

sont les ordres qui paraissent avoir le plus d'adhérents, mais d'autres inflences se font également sentir ; nous les indiquerons en étudiant en détail les divers districts.

Le Touat fournit à l'émigration un contingent d'environ 350 Harratin mâles adultes.

Comme nous l'avons fait pour le Gourara, nous allons passer rapidement en revue ses dix districts :

1° *Bouda*. — Ce district, qui est le plus septentrional de tous, comprend 12 ksour répartis en 2 groupes que sépare une distance de 8 kilomètres. Le groupe situé en amont se nomme Bouda-el-Foukani (Bouda supérieur) ; il compte 7 ksour dont le plus important, Ben-Drâa ou Ben-Drâou, peut-être considéré comme le chef-lieu du district. Le groupe situé en aval, Bouda-el-Tahtani (Bouda inférieur), se compose de 5 ksour dont le principal est El-Mansour.

La population du district est de 6,500 âmes ; elle peut mettre sur pied 1,600 fantassins et 20 cavaliers.

La race arabe domine ; le soff Soffian est celui qui a la plus nombreuse clientèle.

L'influence religieuse se partage entre les Taïbya et les Kerzazya. Ces derniers sont en majorité.

Les 235,500 palmiers du district sont arrosés par des feggaguir ; ils sont très productifs et leurs dattes sont de très bonne qualité. Bouda produit beaucoup de bechena.

30 ou 40 Harratin mâles adultes émigrent.

Les produits de l'industrie locale sont : le charbon, qui se fabrique en grande quantité, et quelques tissus de laine et de coton ;

2° *Timmi*. — C'est le district le plus populeux du Touat ; il a pour chef Si El-Hadj Mahmed ould El-Hadj El-Hassein, chérif originaire d'Ouazzan et, dit-on, quelque peu parent de Si Abd es Sellem bel Hadj el Arbi dont il a déjà été question. A cette parenté plus ou moins réelle,

Si El Hadj Mahmed joint une grande fortune : il passe pour le plus riche des Touatiens et a une très grande influence. Aussi, l'ordre des Taïbya est-il prépondérant dans le district où l'on compte, cependant, quelques Khouan de Sidi Abd-el-Kader et de Mouley Kerzaz.

Au point de vue politique, le soff Ihamed est prédominant.

La population est de 18,000 âmes ; elle peut armer 4,650 fantassins et 140 cavaliers ; la race arabe domine.

80 Harratin mâles adultes émigrent.

Le district de Timmi comprend 39 ksour dont le principal est Adrar, qui a plus de 7,000 habitants et où se tient un important marché.

Le nombre des palmiers du groupe de Timmi est évalué à 600,000 ; ils sont arrosés par des feggaguir.

L'industrie locale ne fournit que quelques tissus de laine et de coton.

C'est dans ce district que se rencontrent toutes les routes du Nord, de l'Est et de l'Ouest qui se rendent au Touat méridional, au Tidikelt, au Haoussa et à Tin-Bouktou.

Une route directe part d'Adrar pour aboutir à Tin-Bouktou, en passant par Taoudenni et Mabrouk ; elle est peu fréquentée ;

3° *Tamentit*. — Ce district est séparé du précédent par une sebkha assez étendue. Il comprend 5 ksour dont le principal, Tamentit, est l'un des plus peuplés du Touat (8,000 habitants) ; c'est l'entrepôt le plus important des marchandises qui s'échangent entre le Nord et le Sud. Les trois quarts de ses habitants sont affiliés à l'ordre des Senoussya, l'autre quart et les gens des autres ksour sont Taïbya.

La population du district est de 8,600 âmes ; la race berbère est la plus nombreuse ; le soff Soffian est prédominant ; l'effectif des guerriers est de 2,000 fantassins et de 40 cavaliers ; les Harratin mâles adultes émigrent seuls, au nombre de 25 environ.

L'industrie locale fournit des tissus de laine et de coton.

Les palmiers du district, au nombre de 277,000, sont arrosés par des feggaguir ;

4° *Bou-Fadhi ou Ouled-el-Hadj.* — Ce district, habité par des Arabes originaires du Tidikelt, les Ouled-el-Hadj-Khallat (de la tribu des Ouled-Zenan, de l'Aoulef) et par des Harratin et des Nègres, compte quatre ksour dont le plus important est Abenkour, appelé aussi Ksar-el-Kebir.

Abenkour et le ksar de Touki, qui fait également partie du district, semblent avoir le monopole du commerce de l'or que les caravanes du Soudan y apportent : en poudre, en lingots et même en bijoux fabriqués.

Les Ouled-el-Hadj font, chaque année et très régulièrement, le voyage de Tin-Bouktou.

La population du district est d'environ 3,000 âmes ; elle peut armer 700 fantassins et 10 cavaliers. L'émigration est nulle.

Le soff Soffian et l'ordre des Taïbya ont seuls des adhérents.

Les 157,000 palmiers du district sont arrosés par des feggaguir ;

5° *Tasfaout et Fennour'in.* — Ce district comprend dix-sept ksour formant deux groupes : celui de Tasfaout, au Nord, avec le ksar de ce nom et quatre autres de moindre importance ; celui de Fennour'in, au Sud, avec les 12 autres ksour dont le plus considérable, El-Mansour, peut être considéré comme le chef-lieu du district. Le groupe de Tasfaout est habité par des Arabes de la tribu des Ouled-el-Hadj (Oued-Zenan de l'Aoulef) ; celui de Fennour'in par des Cheurfa. Des harratin et des nègres complètent la population des deux groupes, qui est d'environ 6,300 âmes.

Le district peut mettre sur pied 1,550 fantassins et 30 cavaliers. L'émigration est nulle.

Le soff Soffian est prédominant ; les Taïbya et les Kadrya se partagent l'influence religieuse ; les premiers sont les plus nombreux.

Les 370,000 palmiers du district fournissent des dattes de premier choix ; ils sont arrosés par des feggaguir.

L'industrie locale fournit du charbon de bois en grande quantité ;

6° *Tamest*. — Ce district compte 14 ksour dont deux appellent l'attention : El-Hamer et Titaf. El-Hamer est le plus important au point de vue politique et commercial, c'est le chef-lieu ; Titaf est le plus peuplé et c'est, en outre, une des étapes obligées des caravanes qui, venant de l'Ouest, se rendent au Tidikelt en évitant la ligne des oasis du Touat supérieur.

La population du Tamest est d'environ 8,000 âmes : l'élément berbère est le plus nombreux ; l'effectif des combattants est de 1,300 fantassins et de 50 cavaliers. — 25 Harratin mâles adultes émigrent.

Le soff prédominant est celui des Ihamed ; les ordres religieux les plus suivis sont ceux de Mouley Taïeb et de Sidi Abd el Kader.

Les 200,000 palmiers du district sont très productifs, mais leurs dattes sont de qualité médiocre. Ils sont arrosés au moyen de feggaguir.

L'industrie locale fournit quelques tissus de laine et de coton.

Le district produit du blé et de l'orge en abondance ;

7° *Kounta ou Ouled Si Hammou ben El-Hadj*. — Ce district est habité par des Arabes, des Cheurfa, des Harratin et des Nègres. Sa population est d'environ 15,000 âmes ; elle peut armer 70 cavaliers et 3,000 fantassins ; elle fournit à l'émigration un contingent de 30 Harratin mâles adultes.

Le soff Soffian est prédominant.

Le district produit de l'orge et du blé en abondance ; ses 229,000 palmiers, arrosés par des feggaguir, sont très productifs et leurs fruits, quoique de qualité assez médiocre, donnent lieu à un commerce d'échange assez actif.

Les seuls produits de l'industrie locale sont quelques tissus de laine et de coton.

Ce district comprend 24 ksour dont le plus important est Kounta, ou Zaouïet-Kounta.

Le chef de cette zaouïa, qui est aussi le chef du district, est un marabout de la famille des Ouled-Si-Mohammed-el-Kounti qui campe aux environs d'El-Mamoun et de Mabrouk, sur la route qui relie le Touat à Tin-Bouktou.

Cette famille est au nombre des serviteurs les plus dévoués des Bakkay, marabouts de Tin-Bouktou dont les ancêtres ont fondé, au XVIe siècle de notre ère, un ordre dérivé de celui des Chadelya, ordre dit des *Bakkaya*.

Le chef de cet ordre, qui se tient en dehors de la politique mais qui, néanmoins, exerce dans le Soudan une très grande influence, a donné, en 1861, des preuves non équivoques de son large esprit de tolérance à M. Duveyrier qui s'exprime ainsi, sur l'ordre et ses chefs :

» ..... Les Bakkay ont aussi des zaouïa importantes
» et de grandes propriétés au Touat, ce qui fait qu'ils
» sont autant Touatiens que Tin-Bouktiens. *Cette cir-*
» *constance nous explique pourquoi ils tiennent à*
» *l'indépendance de cette confédération.*

» ..... Jusqu'à ce jour, ces marabouts ne nous sont
» connus que par leur tolérance envers les Chrétiens.

» Ils avaient bien accueilli le major Laing et ils n'ont
» pas encore voulu accorder le pardon aux Berabich qui
» l'ont assassiné.

» Grâce à eux, M. le docteur Barth a pu rester sept
» mois à Tin-Bouktou, malgré l'opposition des chefs
» politiques du pays.

» Sidi Mohammed, le neveu (du chef de l'ordre) a été
» pour moi plus qu'un protecteur, un véritable ami....

» *La seule pierre d'achoppement entre les Bakkay et*
» *le gouvernement de l'Algérie est le Touat...* » ;

8° *In-Zegmir ou Touat-el-Henné*. — Ce district qui, comme son nom l'indique, produit une très grande quantité de henné, comprend 13 ksour dont le plus important est In-Zegmir.

Les Cheurfa y forment l'élément dominant, les Zenata y sont en infime minorité.

Le soff Ihamed est celui qui a le plus de clients ; l'influence religieuse appartient aux marabouts de Kounta ; les ordres de Mouley Taïeb et de Sidi Abd el Kader ont aussi, le premier surtout, un certain nombre de Khouan.

La population, forte de 8,000 âmes environ, peut armer 2,000 fantassins et 50 cavaliers.

Environ 60 Harratin mâles adultes émigrent.

Les palmiers, au nombre de 230,000, arrosés par des feggaguir, sont très productifs ; leurs dattes, d'assez bonne qualité, se vendent bien et donnent lieu à des transactions assez importantes.

Le pays produit du blé et de l'orge en abondance ; l'industrie locale fournit quelques tissus de laine et de coton ;

9° *Sali*. — Ce district compte treize ksour dont le plus important est El-Meharza, dit aussi Ksar-el-Kebir.

La population est de 10,000 âmes ; l'élément arabe est dominant ; le soff Ihamed est celui qui a le plus de clients ; les ordres religieux des Taïbya et des Kadrya ceux qui ont le plus de khouan.

Le district peut armer 2,500 fantassins et 30 cavaliers ; 50 Harratin mâles adultes émigrent.

Ses 300,000 palmiers, arrosés par des feggaguir, donnent une grande quantité d'assez bonnes dattes ; le pays produit quelques céréales et un peu de très beau henné.

10° *Reggan*. — Ce district comprend 15 ksour dont le principal est Timadanin.

La population, qui comprend Cheurfa, Arabes, Harratin et Nègres, est de 13,000 âmes; elle peut armer 3,000 fantassins et 40 cavaliers aguerris par leurs luttes fréquentes avec les Touareg. — Les Harratin mâles adultes qui émigrent sont au nombre de 20 environ.

Le district possède 350,000 palmiers arrosés par des feggaguir et donnant de très bonnes dattes; il produit un peu de céréales et de henné; on y élève beaucoup de moutons sans laine *(ademan)*.

Le soff Soffian et l'ordre de Mouley-Taïeb sont prédominants.

De ce district, le plus méridional du Touat, partent cinq grandes routes de caravanes, savoir :

1° La route directe de Tin-Bouktou, par Mabrouk ;

2° Celle de R'adamès et R'ât par le Tidikelt ;

3° Celle qui, passant par le Tidikelt, conduit au Hoggar, dans l'Aïr et au Soudan ;

4° La route de Tin-Bouktou par In-Ihahou (ou In-Ziz) ;

5° La route (peu fréquentée) de Taoudenni.

LE TIDIKELT. — Le Tidikelt comprend six districts, savoir :

1° Foggaret ez Zoua (ou Zaouïet el Kahla),

2° In-Salah,

3° In-R'ar,

4° Aoulef,

5° Tit,

6° Akabli.

Les quatre premiers sont situés au pied de la falaise du gradin inférieur du Tadmaït, les deux autres s'en écartent à l'ouest. Ces six districts comprennent 51 ksour dont la population est, en chiffres ronds, d'environ 23,000 âmes. Le commandant Deporter la classe de la manière suivante, au point de vue ethnographique :

Cheurfa	1.532
Arabes	10.537
Zenata	60
Touareg	200
Harratin	6.224
Nègres	4.194
TOTAL	22.747

L'effectif des combattants est de 4,650, savoir : 4,000 fantassins, 150 cavaliers et 500 mehara.

Les palmiers, au nombre de 1,500,000 sont arrosés par une très grande quantité de puits et de feggaguir; sur certains points, l'eau affleure le sol. Les jardins sont, comme ceux du Touat et du Gourara, complantés d'arbres fruitiers, on y rencontre de belles vignes grimpantes; on y cultive des légumes de toutes sortes, de l'anis, de la garance, du maïs et un peu de blé.

Toutes les eaux souterraines de la région se réunissent dans une vaste dépression, en partie envahie par les sables, qui commence près de Foggaret ez Zoua, se prolonge dans la direction d'Akabli et cesse à hauteur de ce groupe d'oasis. Cette dépression est couverte d'une riche végétation arborescente, aussi les Indigènes lui ont-ils donné le nom de « R'aba » (la forêt); ils y élèvent de nombreux troupeaux de chameaux et aussi des ânes, des chèvres, des ademan.

La population du Tidikelt est entièrement dominée par l'élément arabe pasteur qui y est représenté par quatre tribus.

La plus importante de ces tribus est celle des *Ouled Ba Hammou,* que les Touareg appellent *Aït Ba Khammou* ou *Dag Ba Djouda,* et que ses rivaux, les Ouled Mokhtar, désignent sous le nom de *Ahl el Kouari.* Elle avait naguère pour chef Si El-Hadj Abd-el-Kader ould Si El-Hadj Mohammed ould Ba Djouda El Amri, plus connu sous le nom d'Abd-el-Kader ibn Ba Djouda, personnage sur lequel nous aurons à revenir et qui, par sa remarquable intelligence, a su s'imposer à tout le Tidikelt, étendre son influence dans le Sahara occidental et inféoder, sinon à sa personne, du moins à sa politique, les Touareg de l'Ahnet et du Hoggar. Abd-el-Kader ibn Ba Djouda est mort au commencement du mois de Ramdan 1306 (mai 1889); ses fils lui ont succédé.

Après les Ouled Ba Hammou viennent, par ordre d'importance, les *Ouled Mokhtar* leurs rivaux, qu'ils appellent *Ahl el Hoffra* et que les Touareg désignent sous le nom de *Kel Abetoul;* cette tribu, qui a pour chef Si El-Hadj Mohammed ould El-Mokhtar, est très riche et surtout commerçante.

La tribu des *Ouled Zenan* est devenue sédentaire et s'est fixée dans l'Aoulef et à Akabli; en rapports continuels avec les Touareg, les Ouled Zenan ont fini par adopter, sinon dans tous leurs détails, du moins dans leur ensemble, les habitudes, les mœurs, le costume et même la langue de ces derniers.

La quatrième tribu arabe est celle des *Zoua de Sid El-Hadj Mahmed;* cette tribu, ou plus exactement ce groupe, se tient complètement à l'écart des soffs qui divisent le Tidikelt. Les Zoua habitent les ksour de Foggaret ez Zoua ; ils sont les clients des Ouled Sidi-Cheikh.

Nous avons vu que la population du Tidikelt comprend, outre les Zenata, les Harratin et les Nègres, quelques Touareg. La présence de ces derniers s'explique par ce fait que le Tidikelt est le principal sinon le seul marché, dans le nord, des Touareg du Hoggar et de l'Ahnet. Les Touareg ne cultivent pas : ils sont donc forcés de venir chercher, sur ce marché, les grains, les dattes et la majeure partie des objets qu'ils consomment ou emploient ; ils y apportent en échange les produits du Soudan et, tout naturellement, ils ont été amenés à se créer des magasins où ils entreposent les marchandises dont ils n'ont pu trouver le placement immédiat. Ces magasins sont confiés à la garde, soit d'indigènes du pays, soit d'*imrad* (serfs) Touareg qui y demeurent à poste fixe et surveillent, en même temps, les palmiers dont eux-mêmes et leurs compatriotes se sont rendus acquéreurs.

Comme au Gourara, comme au Touat, les soffs Ihamed et Soffian se disputent la prééminence.

Les ordres religieux des Taïbya et des Kadrya sont les plus suivis, ceux des Cheikhya, des Kerzazya, des Senoussya y ont aussi des adeptes.

Le Tidikelt fournit à l'émigration un contingent très faible : une centaine environ de Harratin mâles adultes ou de nègres affranchis.

On trouve au Tidikelt : du sel, du salpêtre, de l'alun et du plâtre.

Le séné croît, à l'état sauvage, dans les jardins du district d'In-Salah.

Les districts du Tidikelt sont plus éloignés les uns des autres que ceux du Gourara et du Touat ; nous les étudierons dans l'ordre où ils se présentent quand on s'y rend en partant d'El-Goléa :

1° *Foggaret ez Zoua*. — Ce district, appelé aussi *Zaouïet el Kahla*, ou *Kouari*, compte 4 ksour dont le principal est Foggaret el Kebira, et un groupe de 9 hameaux, *Iguesten*, situé à 15 kilomètres ouest du ksar chef-lieu.

La population est de 2,300 âmes, dont 1,362 Arabes et 20 Touareg. Elle peut armer 500 fantassins et 4 cavaliers et ne fournit aucun contingent à l'émigration.

La majorité des Arabes appartient aux Zoüa de Sid El-Hadj Mahmed; à Iguesten, on trouve des Ouled Ba Hammou, des Ouled Yaïch, c'est là que résident les Touareg dont il vient d'être parlé : ce sont des Aït Didoua, imrad des Kel Ahmellen.

Les Zoua, qui dominent dans le district, observent la neutralité entre les soffs Ihamed et Soffian ; en ce qui concerne les affinités locales, ils semblent être du bord des Ouled Mokhtar.

Serviteurs et clients des Ouled Sidi Cheikh, ils sont, naturellement, affiliés à l'ordre religieux dont leurs seigneurs sont les chefs. Les autres habitants du district se répartissent entre ce même ordre et ceux de Mouley Taïeb, de Mouley Kerzaz, et de Sidi Abd-el-Kader El-Djilani.

Le nombre des palmiers, en y comprenant ceux d'Iguesten, est de 100,000; ils sont arrosés au moyen de feggaguir ; leurs dattes sont excellentes.

Semi-sédentaires, semi-nomades, les habitants du district de Foggaret ez Zoua élèvent de nombreux chameaux, des ademan et des ânes ; ils fabriquent quelques tissus de laine et sont les entrepositaires des marchands du Mzab, mais leur principal commerce est celui des esclaves.

Une sebkha longue de 3 ou 4 kilomètres avoisine les jardins de Foggaret el Kebira et du ksar dit Zaouïet Mouley Héiba; une autre, plus petite, est située près du Ksar Sillafen ;

2° *In-Salah*. — Le district d'In-Salah est le plus important du Tidikelt; de ses douze ksour, le principal, Ksar el Arab, ou Ksar el Kebir, peut être considéré comme la capitale du pays, capitale politique surtout : c'est là que résidait Abd-el-Kader ould Ba Djouda et que réside, actuellement, son fils cadet et successeur, Si El-Hadj el Madhi ould El-Hadj Abd-el-Kader Ba Djouda. Celui-ci n'est pas seulement un successeur temporel, c'est aussi un successeur spirituel. Nous avons vu que, dès 1884, M. Duveyrier signalait la création, au Gourara, d'une zaouïa senoussienne ; sans connaître exactement la date de la fondation de celle d'In-Salah, on peut affirmer qu'elle remonte beaucoup plus loin. Son moqaddem n'était autre que Si El-Hadj Abd-el-Kader ibn Ba Djouda lui-même, et, à son fils, devenu aujourd'hui moqaddem à son tour, il a donné le nom significatif d'El-Hadj el Madhi qui est celui du grand maître actuel et fils du fondateur de l'ordre.

Au point de vue politique, le soff Ihamed est absolument maître du district d'In-Salah ; au point de vue religieux, tout ce qui n'appartient pas aux Senoussya est aux Taïbya ; ces derniers semblent être encore les plus nombreux.

La population du district est d'environ 3,400 âmes, dont 1,912 Arabes, des Ouled Ba Hammou pour la plupart, et 220 Touareg. Elle peut armer 800 fantassins, 20 cavaliers et 200 mehara.

In-Salah est, à vol d'oiseau, à peu près au centre d'une étoile dont les rayons, de longueurs sensiblement égales, aboutiraient à Tripoli, Alger, Tanger, Mogador, Tin-Bouktou et à l'Aïr. Cette situation a contribué à en faire un centre commercial important : les caravanes y affluent de R'ât, de R'adamès, du Fezzan, de Tin-Bouktou, de l'Ahnet, du Hoggar, du Mzab, et beaucoup de négociants de ces divers pays y ont des entrepôts qu'ils font gérer ou qu'ils gèrent eux-mêmes. Ces étrangers, pour la plupart, résident dans le Ksar el Arab.

Les produits du Soudan qui arrivent à In-Salah sont : l'ivoire, les plumes d'autruche, les peaux de panthère, de lion, de bœuf, les cornes de rhinocéros, le parfum appelé bekhour, la poudre d'or et, surtout, les esclaves ; les caravanes du nord apportent des produits de tous genres : cotonnades blanches et bleues, bimbelotterie, denrées coloniales, verroteries, chachias, bougies, papier, tabac, thé, ustensiles, céréales, fusils, poudre, capsules, etc., etc.

La région produit des dattes d'excellente qualité ; les palmiers, au nombre de 230,000, sont arrosés par 24 feggaguir très abondantes. Une très grande quantité de chameaux, d'ânes, de nombreux troupeaux d'ademan trouvent, dans la R'aba, des pâturages en abondance et des puits qui permettent de les abreuver sur place. Les Nomades des Ouled Ba Hammou et des Ouled Mokhtar vont estiver : les uns dans le Tadmaït, d'autres dans l'oued Djaret, d'autres dans le Mâader, d'autres, enfin, dans les ravins du versant Nord du Mouydir.

La région produit de l'alun, du salpêtre ; le séné y croît sans culture.

L'industrie locale fabrique des tissus de laine assez recherchés.

La population mâle adulte fournit à l'émigration une centaine de Harratin ou de Nègres affranchis.

3° *In-R'ar*. — Le district d'In-R'ar compte sept ksour dont le plus important est Ksar el Akhal.

La population est de 3,000 âmes environ, dont 1,580 Arabes et 250 Touareg *blancs,* ainsi désignés à cause de la couleur de leur voile selon certains auteurs, selon d'autres parce qu'ils sont originaires des Kel Ahmellen *(Ahmellen veut dire blanc en langue tamahaq)*. Cette dénomination s'est, du reste, généralisée et s'applique à tous les habitants d'In-R'ar qu'on appelle aussi Ouled Bou Tegui et Ouled Khelifa.

Tout le groupe d'In-R'ar appartient au soff Ihamed ; à part une centaine de Khouan Kadrya, l'ordre de Mouley Taïeb est le seul qui ait des adeptes.

L'effectif des combattants est de 700 fantassins, 5 cavaliers et 100 mehara.

L'émigration est presque nulle : on compte à peine une dizaine de Harratin mâles adultes qui s'expatrient.

Les palmiers, au nombre de 140,000, sont arrosés par des feggaguir; leurs dattes sont de bonne qualité.

Bien qu'In-R'ar soit une étape obligée pour les caravanes qui, du Touat, se rendent à In-Salah, R'adamès et R'ât, le commerce y est nul; on y élève de nombreux chameaux, des ademan et des ânes et on y fabrique quelques tissus de laine.

In-R'ar est sous l'autorité directe de la famille Ba Djouda.

4° *Aoulef*. — Le district de l'Aoulef se compose de deux groupes distincts, savoir :

Aoulef ech Cheurfa : 9 ksour dont le plus important est Akhannous ;

Aoulef el Arab : 10 ksour dont le principal est Zaouïet Heïnoun; le chef du district y réside.

Les noms de ces deux groupes indiquent suffisamment l'élément qui y domine.

La population de l'Aoulef est de 7,500 âmes environ, dont 1,352 Cheurfa, 2,260 Arabes et 73 Touareg. Le soff Ihamed domine. Les Taïbya et les Kadrya ont, seuls, des Khouan dans le district.

Les Arabes de l'Aoulef appartiennent à la tribu des Ouled Zenan; ils élèvent une grande quantité de chameaux qu'ils utilisent pour faire les transports entre le Tidikelt et Tin-Bouktou; ils louent leurs services et passent pour les meilleurs caravaniers de cette ligne.

Le district peut mettre sur pied 1,900 fantassins, 40 cavaliers et plusieurs centaines de mehara; 25 Harratin mâles adultes, environ, émigrent.

Les 600,000 palmiers de l'Aoulef, arrosés par des feggaguir, produisent, en grande quantité, des dattes des meilleures espèces. Les Touareg en font d'amples approvisionnements et, dit le commandant Deporter, « *en extraient les noyaux pour n'en transporter que la chair.* »

On trouve, dans l'Aoulef, du sel, du salpêtre, de l'alun, du plâtre; on y cultive l'anis, la garance; on y fabrique des tissus de laine et de coton. Le commerce d'échange avec les Touareg y est très actif.

5° *Tit* (la source ou l'œil). — Ce petit district ne compte qu'un seul ksar, Tit, et un petit hameau : El-Koseïbet ech Cheurfa. C'est une étape obligée pour les caravanes qui circulent entre Reggan et In-Salah; néanmoins le commerce y est nul.

La population, forte de 1,500 âmes environ, se compose, en majorité, d'Arabes dont 1/5 de Cheurfa. Elle peut armer 400 fantassins, 8 cavaliers et 200 mehara. Le soff Ihamed domine; les habitants sont ou Taïbya ou Kadrya; ces derniers sont les plus nombreux. L'émigration est nulle.

Les 30,000 palmiers de Tit, arrosés par des feggaguir, produisent des dattes de premier choix. Le district élève de nombreux chameaux, des ânes, des ademan. L'industrie locale fournit quelques tissus de laine.

6° *Akabli*. — Le district d'Akabli comprend sept ksour dont le plus important est Zaouïet Bou Naâma, c'est la première étape des caravanes qui, du Touat, se dirigent sur Tin-Bouktou, ou plus exactement, c'est leur point de concentration : le marché d'Akabli est très fréquenté par les Taïtoq et autres Touareg de l'Ahnet.

La population, de 5,500 âmes, est en majorité arabe; le soff Ihamed domine; on n'y connaît que des Khouan Taïbya et Kadrya. L'effectif des combattants est de 1,500 fantassins et 20 cavaliers.

Les palmiers, au nombre de 220,000, arrosés par des feggaguir très abondantes, donnent une grande quantité de très bonnes dattes.

On trouve, à Akabli, de l'alun, du salpêtre et une mine de thomela; on y élève beaucoup de chameaux; l'industrie locale fournit quelques tissus de laine.

15 à 20 Harratin mâles adultes émigrent.

El-Koseïbet. — Il nous reste à parler d'un petit district qui, bien qu'isolé et vivant à l'écart, se rattache au Tidikelt par l'origine de ses habitants, marabouts arabes venus de l'Aoulef, du Ksar Djedid et de Zaouïet Heïnoun.

Ce petit district, qui ne figure pas sur toutes les cartes, est celui d'El-Koseïbet; il est situé sur la route de l'Aouguerout à l'Aoulef, à environ 120 kilomètres Sud-Est du Ksar de Bou Guemma, chef-lieu du premier de ces groupes d'oasis.

Il ne se compose que de deux hameaux, séparés par une distance d'environ 8 kilomètres, situés au pied du gradin supérieur du Tadmaït et bâtis, l'un et l'autre, sur des collines assez élevées d'où ils dominent le gradin inférieur. Ces deux ksour, In-Belbel et Kasbet Matriouen, sont pourvus d'un mur d'enceinte.

Leur population est d'environ 300 âmes dont 2/3 Arabes et 1/3 Harratin et Nègres; l'effectif des combattants est de 30 fantassins et 10 mehara. L'émigration est nulle.

Les habitants d'El-Koseïbet n'appartiennent à aucun Soff; l'ordre de Mouley Taïeb est le seul qui ait des adeptes parmi eux.

Ils possèdent 6,000 palmiers, arrosés par le système des feggaguir : l'eau est très abondante. Les dattes sont de bonne qualité.

La végétation est pauvre aux environs d'El-Koseïbet, le commerce y est nul.

RESSOURCES QU'ON POURRA TIRER DU GOURARA, DU TOUAT ET DU TIDIKELT, SOIT EN HOMMES, SOIT AUTREMENT. — Si nous récapitulons cette longue statistique, dont j'ai emprunté les éléments à l'ouvrage du commandant Deporter qui, lui-même, les a recueillis aux meilleures sources, nous trouvons les chiffres suivants :

	NOMBRE DE KSOUR	POPULATION	COMBATTANTS				ÉMIGRANTS	NOMBRE de PALMIERS
			FANTASSINS	CAVALIERS	MEHARA	TOTAL		
Gourara...	109	75.000	17.500	1.800	»	19.300	400	2.500.000
Touat.....	156	100.000	10.000	400	»	10.400	350	3.000.000
Tidikelt...	51	23.000	4.000	150	500	4.650	100	1.500.000
El-Koseïbet	2	300	30	»	10	40	»	6.000
Totaux..	318	198.300	31.530	2.350	510	34.390	850	7.006.000
En chiffres ronds....	...	200.000	......	......	...	35.000	1.000	7.000.000

Ces chiffres sont, par eux-mêmes, assez éloquents pour qu'il soit inutile de les commenter longuement. Une population de 200,000 âmes, active, commerçante, assez dense pour fournir à l'émigration un contingent d'un millier d'individus, offre certainement assez de ressources pour mettre le pays en valeur et pour apporter au recrutement de nos troupes indigènes, si le besoin s'en faisait sentir, un appoint sérieux.

Ce n'est pas que, pris dans leur ensemble, les habitants du pays qui nous occupe soient de tempérament très belliqueux : de telles dispositions ne sont que rarement le fait des peuples commerçants et ceux-ci le sont essentiellement ; mais cela n'exclut pas la valeur individuelle d'éléments vigoureux, rompus aux travaux pénibles, habitués aux fatigues et aux privations des longues routes et, surtout, acclimatés dans une région dont le séjour, pénible pour nos Indigènes du Tell, l'est encore bien davantage pour les Européens.

D'autre part, il est certain que des populations qui, outre les revenus d'un commerce important, outre de nombreux troupeaux, possèdent sept millions de palmiers, peuvent, sans même qu'il soit nécessaire de les soumettre à toutes les charges fiscales que subissent nos sujets indigènes algériens, ce qui serait d'ailleurs impolitique, fournir au Trésor public des revenus plus que suffisants pour couvrir nos dépenses d'occupation. Une simple taxe de 25 centimes par palmier, par exemple, produirait une somme de 1,750,000 francs et ne constituerait, pour les propriétaires, qu'une charge insignifiante. Je ne veux pas dire que ce soit cette taxe qu'il faille établir, ni que les palmiers doivent constituer la matière imposable, c'est un exemple pris sur ce qui se pratique ailleurs, rien de plus.

Influence de l'annexion du Gourara, du Touat et du Tidikelt au point de vue de la sécurité et du développement par le travail de nos propres oasis. — Ainsi : situation géographique qui nous rendrait maîtres de toutes les routes commerciales reliant le Sud-Ouest algérien et le Maroc au Soudan ; acquisition d'une population nombreuse, laborieuse, pacifique dans son ensemble ; revenus plus que suffisants pour couvrir nos dépenses : tels seraient les premiers résultats de l'annexion à notre empire africain, du Gourara, du Touat et du Tidikelt.

Ce ne seraient pas les seuls :

Actuellement, malgré les quelques relations commerciales qui existent entre ces régions et nos oasis, notre frontière méridionale est une barrière que, de part et d'autre, on hésite à franchir. Si nos gens qui s'y décident sont peu nombreux, les Gourariens, les gens du Tidikelt qui viennent sur notre territoire le sont encore moins, et, si des produits du Soudan arrivent au Mzab, à Ouargla, à Laghouat, la majeure partie prend, par le Touat, la route du Tafilalet, des ksour de Figuig, en un mot du Maroc, bien plutôt que de l'Algérie. La barrière abaissée, nul doute que le courant ne se modifie, nous y aiderons au besoin, et, les rapports entre les populations devenant, par suite, plus fréquents et plus nombreux, nul doute, non plus, que le mouvement ne prenne un extension progressive et que celles de nos oasis, dont l'état est aujourd'hui précaire, n'y trouvent des éléments de travail qui les aideront à se relever d'abord, à se développer ensuite.

MOYENS D'AUGMENTER LA POPULATION KSOURIENNE. — Décadence et dépopulation sont deux termes connexes : l'un ne va guère sans l'autre et il est souvent difficile de discerner lequel représente la cause dont l'autre est la conséquence. Demandez, à l'habitant d'une de ces oasis auxquelles je viens de faire allusion, pourquoi tels jardins sont abandonnés, pourquoi telles maisons ne sont plus que des ruines, comment il se fait que tels puits soient comblés. Il répondra presque toujours : « *Les propriétaires ont quitté le pays* », et il ajoutera le récit : ou de quelque lutte intestine à la suite de laquelle le soff vainqueur a chassé les vaincus et rasé leurs maisons ; ou d'une guerre de tribu à tribu ; ou, enfin, d'un méfait d'ordre privé ou politique qui a forcé l'absent à s'expatrier. Interrogez celui-ci ; il déclarera qu'il est parti, chassé par la misère, d'un pays qui ne pouvait plus nourrir sa famille. L'émigré ne dit pas tout, et il a souvent de bonnes raisons pour cela.

En réalité, l'émigration comprend trois catégories

d'individus : les insurgés politiques, les criminels de droit commun et les malheureux.

Aux premiers, il sera facile d'ouvrir la route du retour par une large amnistie ; après une annexion aussi importante, un acte de clémence ne pourra être taxé de faiblesse, à la condition toutefois qu'il ne se produise qu'après la prise de possession du pays, prise de possession qui mettra, du reste, les fugitifs hors d'état de nuire s'ils persistent dans leur rebellion, et qui, comme nous le verrons dans un instant, aura une action décisive sur la sécurité de l'Algérie.

Les criminels de droit commun constituent un élément dont nous n'avons pas à provoquer la rentrée, on peut donc les considérer comme perdus, au point de vue du repeuplement.

Il en est de même de beaucoup d'émigrés de la troisième catégorie. Il y en a, parmi eux, dont le départ remonte à vingt ans : les uns sont morts ; d'autres ont réussi à fonder ailleurs des établissements qui les mettent à l'abri du besoin ; la plupart ne reviendraient que s'ils étaient assurés, d'avance, de ne plus se trouver, en rentrant dans leur pays, aux prises avec la misère qui les en a chassés.

Attirer dans nos oasis des éléments nouveaux pour combler les vides faits par l'émigration, tel est le seul remède à la dépopulation constatée.

Faire nos vieux soldats indigènes, propriétaires de palmiers abandonnés, c'est une idée qui vient tout d'abord à l'esprit, mais je doute qu'elle ait grand succès. Nos tirailleurs sont, pour la plupart, d'origine kabyle, et le Kabyle tient trop à sa montagne pour aller finir ses jours ailleurs ; nos spahis ont, presque tous, une certaine aisance qui leur permet, quand ils quittent le service, de vivre dans leur pays d'origine ; enfin, comme le dit le proverbe arabe cité par le général Daumas : « *On n'habite pas le Sahara quand on peut habiter ailleurs.* »

C'est donc dans le Sahara lui-même que nous devons chercher les bras qui nous manquent.

Nous avons vu que le Gourara, le Touat et le Tidikelt fournissaient à l'émigration un total d'un millier d'individus mâles, adultes, presque exclusivement Harratin ou Nègres affranchis.

Nous avons vu aussi que, chaque année, 1,200 esclaves noirs, de tous âges et des deux sexes, étaient amenés et vendus dans la région.

Il paraît probable que les émigrants, Harratin ou Nègres affranchis, n'hésiteraient pas, si on leur offrait la propriété de quelques palmiers sans maître, à venir, avec leurs familles, s'installer dans l'oasis hospitalière, préférant ce genre de vie à celui qu'ils mènent dans nos villes ou dans les cultures des Touareg. Il semble qu'il y ait là un essai à tenter.

L'ESCLAVAGE.— Les esclaves noirs peuvent-ils concourir au même but et dans quelles conditions ? C'est là une question fort délicate et qui exige certains développements.

Tout d'abord, il faut distinguer, dans ce que j'appellerai la vie de l'esclave, deux périodes : celle de la traite et celle de l'esclavage proprement dit.

La traite ! Ce mot seul résume toutes les atrocités que l'homme peut commettre contre l'homme ; ce sont : les centres de population surpris en pleine paix, cernés, ravagés, incendiés par des bandes dont on ignorait jusqu'à l'existence ; les habitants qui essayent de défendre leurs biens et leur liberté, massacrés ; ceux qui cherchent à s'échapper, capturés ; puis, pour ceux-ci, les épouvantables tortures si éloquemment décrites par nos missionnaires qui en ont été les témoins indignés mais malheureusement impuissants : il faut que la marchandise humaine arrive à la côte où le navire négrier l'attend, ou au marché où elle pourra se vendre ; il faut surtout qu'elle arrive vite, car, si maigre que soit la nourriture qu'on lui jette, c'est une dépense qu'il faut réduire le plus possible; le vieillard, la femme, l'enfant qui ne peuvent suivre sont froidement assassinés, quand ils ne sont pas simplement abandonnés, mourants de faim, de soif, de souffrances, à la dent des fauves ou aux affres d'une agonie sans nom.

Les Nègres destinés au Touat, au Gourara, au Tidikelt, sont, en général, originaires du Baghirmi, du Bornou, de Sokoto, de Mossi et des autres tribus riveraines du Niger; ils sont amenés au marché de Tin-Bouktou et vendus, soit aux caravanes annuelles *(akabar)* qui vont, ordinairement deux fois par an, d'Akabli dans cette ville, soit aux Touareg qui s'y rendent, à des époques qui n'ont rien de fixe, en caravanes moins importantes, dites *zouirig*.

Quand ils ont été achetés, leur sort s'améliore : le premier acquéreur est rarement le propriétaire définitif de l'esclave ; c'est un négociant qui espère tirer de sa marchandise un gros bénéfice et qui a, par conséquent, tout intérêt à la ménager, à la présenter à la vente dans les meilleures conditions possibles.

Le commandant Deporter, dans le tableau suivant, nous fait connaître la valeur marchande des esclaves, sur le marché de Tin-Bouktou, et sur ceux du Touat, du Tidikelt et du Gourara :

SEXE	AGE	PRIX	
		D'ACHAT à Tin-Bouktou	DE VENTE au Gourara, au Touat et au Tidikelt
Petit garçon....	de 4 à 10 ans.	de 50 à 80 fr.	de 150 à 200 fr.
Petite fille......	de 4 à 10 ans.	de 80 à 160 fr.	de 200 à 350 fr.
Jeune garçon...	de 11 à 16 ans.	de 150 à 200 fr.	de 300 à 400 fr.
Jeune fille	de 11 à 16 ans.	de 200 à 350 fr.	de 500 à 600 fr.
Jne homme adulte	de 16 à 25 ans.	de 150 à 200 fr.	de 250 à 400 fr.
Jeune femme...	de 16 à 25 ans.	de 200 à 300 fr.	de 450 à 550 fr.
Homme.........	de 25 ans et au-dessus	de 100 à 200 fr.	de 350 à 500 fr.
Femme.........	de 25 ans et au-dessus	de 150 à 250 fr.	de 400 à 500 fr.

Si nous prenons la moyenne de ces chiffres, nous voyons qu'un esclave, acheté 176 francs à Tin-Bouktou, se revend au Tidikelt 381 francs, soit avec une majoration de prix de 205 francs qui représente 116 % de bénéfice. Si le « *commerce du bois d'ébène* » est immoral, il est, du moins, productif.

Une fois devenu la propriété du Musulman qui se propose, non de le revendre, mais d'utiliser ses services, l'esclave n'est pas malheureux.

Traité avec douceur, logé, vêtu, nourri, il ne tarde pas à faire, en quelque sorte, partie de la famille de son maître auquel il s'attache ; s'il se marie, sa femme devient la nourrice, la servante de confiance de la maison ; ses enfants deviendront, à leur tour, les serviteurs des enfants du maître, et la famille noire, même si l'affranchissement vient lui rendre la liberté, demeure, le plus souvent, là où elle s'est fondée.

La liberté, qu'en ferait-elle ? Comment l'esclave arraché à sa tribu, qu'il n'avait peut-être jamais quittée, car les Noirs sont sédentaires, comment l'esclave affranchi retournerait-il dans son pays ? Il ne sait ni où il est situé, ni quelles routes y conduisent. N'a-t-il pas vu, d'ailleurs, détruire sous ses yeux son village, son champ ; n'a-t-il pas vu périr, ou disperser à tous les vents du ciel, tous ceux qui constituaient sa famille ?

La situation des Nègres en Algérie et le désarroi qui a suivi leur émancipation ont été très exactement décrits, sous une forme humoristique, dans un petit livre trop peu connu : « *Lettres familières sur l'Algérie* » dont l'auteur, le colonel Pein, fut le créateur et le premier Commandant Supérieur du cercle de Bou-Saâda. — A cette époque, Bou-Saâda touchait à « *l'extrême sud.* » — Vous me saurez gré, certainement, de vous citer quelques passages du Chapitre intitulé : *De l'Esclavage dans les pays Barbaresques:*

« *Pour connaître le sort du Nègre de l'Afrique*

» *septentrionale*, dit le colonel Pein, *gardez-vous de lire*
» *La Case de l'Oncle Tom ; ici, pas un mot de cela, pas*
» *de travail sur les plantations, parce qu'il n'y a pas de*
» *plantations, pas de préparation de canne à sucre,*
» *parce qu'il n'y a pas de canne à sucre, pas de*
» *fouet du commandeur, parce qu'il n'y a pas de*
» *commandeur. Chez les Arabes, le Nègre était traité*
» *comme l'enfant de la maison, c'était un coq en pâte,*
» *heureux comme un rentier sans rentes ; le Koran*
» *s'est occupé de son sort ; non seulement il défend*
» *expressément qu'on le maltraite, mais même qu'on le*
» *traite mal ; le maître a, sur la Négresse, les mêmes*
» *droits que sur ses femmes, il lui doit donc les mêmes*
» *égards ; il est vrai, qu'en ayant fort peu pour son*
» *épouse, il ne peut pas en avoir beaucoup pour sa*
» *Négresse ; mais pour les femmes de cette couleur, les*
» *égards ne font pas le bonheur de l'existence, et leur*
» *sort n'est pas à plaindre en pays arabe.*

» *Si la Négresse est jeune, le maître use toujours de*
» *ses droits, et passe du blanc au noir et réciproque-*
» *ment ; on dit que le meilleur moyen de raviver les*
» *sensations qui s'émoussent, c'est de varier la couleur*
» *de ses plaisirs.*

» *Souvent il arrive qu'on marie la Négresse avec le*
» *Nègre ; il est convenable alors que le maître ne s'en*
» *occupe plus, un autre étant chargé de ce soin ; mais*
» *s'il continue à lui porter de l'intérêt, un mari noir*
» *doit comprendre tout ce que ce sentiment du maître a*
» *de flatteur pour l'esclave.*

» *Il est très rare qu'on batte les Nègres s'ils se con-*
» *duisent bien ; il est moins rare de rencontrer des*
» *maîtres qui ont pour eux une véritable affection ; on*
» *n'administre de volées qu'à ceux qui volent ou qui se*
» *conduisent mal, encore faut il qu'il y ait récidive ou*
» *incorrigibilité constatée......*»

Le colonel Pein raconte ensuite quelques anecdotes qui viennent à l'appui de cet exposé ; il cite la loi de 1848 qui abolit l'esclavage, rappelle les délais accordés pour l'application de cette loi qui, on le savait, allait produire une certaine perturbation dans le pays, et il ajoute :

« *Toutes les précautions qu'on prit ne réussirent pas
» à rendre le coup moins sensible pour les indigènes ;
» ils espéraient toujours qu'on reviendrait là-dessus ;
» une grande quantité d'esclaves ne voulurent pas
» quitter leurs maîtres, sachant qu'ils étaient mieux
» traités par eux qu'ils ne le seraient partout ailleurs ;
» d'autres restèrent chez eux par crainte, car les
» Arabes leur disaient que la mesure ne concernait
» que la France et non pas l'Algérie, que s'ils fuyaient
» on les poursuivrait. Quelques-uns, ne pouvant résister
» à l'amour du changement, s'enfuirent sans avoir de
» but ; il n'est pas de ruses et de mensonges qui ne furent
» mis en œuvre par les maîtres pour obtenir qu'on les
» leur rendît. Les caïds étourdirent les Bureaux Arabes
» de leurs plaintes ; à les entendre, leurs Nègres les
» avaient volés. Les Bureaux Arabes ne voyaient pas
» trop clair dans ces sortes d'affaires. Quelques chefs
» de ces Bureaux firent rentrer les esclaves chez leurs
» maîtres, d'autres laissèrent les chefs arabes se plain-
» dre, c'était ce qu'ils avaient de mieux à faire. On
» vit des Nègres fugitifs aller se vendre à Tunis. Des
» caravanes amenant, sans avoir peut-être connais-
» sance des ordres donnés, des Nègres sur les marchés
» du Sud, virent l'autorité donner la clef des champs à
» leur cargaison humaine, ce qui ne les arrangeait
» guère et leur faisait éprouver des pertes considéra-
» bles. Un jour, à Bou-Saâda, douze Négresses furent
» émancipées de la sorte ; elles furent d'abord conduites
» à la maison des hôtes où il leur fut servi un plat de
» couscouss, et la manière dont elles le nettoyèrent
» annonçait chez elles de grandes dispositions à la
» propreté. On fit ensuite venir la Négresse du caïd, qui
» fut chargée de leur dire qu'elles étaient libres. Elles*

» accueillirent cette ouverture d'un air hébété, en se
» regardant comme des êtres naïfs qui cherchent à
» comprendre. C'est qu'en effet ce qu'on leur disait
» leur paraissait si extraordinaire, cette liberté qu'on
» leur offrait leur semblait si impossible, si dangereuse,
» qu'elles étaient fort inquiètes sur la manière de s'en
» servir. Le Chef du Bureau Arabe leur fit une offre
» dont l'acceptation l'eût mis dans un étrange embar-
» ras : il leur proposa de les faire reconduire dans
» leur pays. Il est impossible de décrire l'impression de
» frayeur qui se refléta sur leurs traits à ces paroles :
» elles pleuraient, s'arrachaient les cheveux, se déchi-
» raient les joues. Il n'y avait pas autre chose à faire
» que d'engager quelques chioukh et gens aisés de la
» ville à les prendre pour servantes et à en avoir soin.
» Dix notables se présentèrent et en emmenèrent chacun
» une, les deux qui restaient furent, le lendemain, con-
» fiées à deux chefs de tribus de la plaine.

» Quelques jours après, le bruit de cet incident se
» répandit ; on se figura que le Gouvernement se char-
» geait, dans l'intérêt des indigènes, du commerce qu'il
» prohibait pour les particuliers, et comme on est porté
» à croire que l'intervention du Gouvernement légitime
» même un crime, et que tout ce qui vient de lui découle
» d'une source pure, fatale erreur ! personne ne
» s'étonna du fait et, de toutes parts, on accourut au
» Bureau Arabe demander l'époque de la prochaine
» distribution de Nègres ; le Bureau Arabe répondit
» qu'il n'en savait rien, que cela ne pouvait, du reste,
» avoir lieu que dans une occasion solennelle et qu'il
» fallait attendre, sans rien espérer cependant, la fête
» de l'Empereur. Ils ne furent pas la dupe d'une plai-
» santerie difficile à avaler.

» Les marchands mozabites assiégèrent, pendant cinq
» jours, la porte du Bureau Arabe ; fatigués, rebutés,
» ils eurent l'idée d'attaquer, devant le cadhi, les déten-
» teurs des Négresses, et le cadhi leur aurait alloué

» *une indemnité, si le Bureau Arabe ne lui avait dit*
» *qu'il se brûlerait les doigts en touchant à une pareille*
» *affaire. Ils songèrent alors à réclamer au chef-lieu*
» *de la Subdivision, de la Province, ils écrivirent lettre*
» *sur lettre, et puis, comme tout passe, en Afrique*
» *comme dans les autres parties du monde, on n'en-*
» *tendit plus parler de cette affaire.*

» *Une de ces Négresses, sans doute mieux inspirée et*
» *mieux conseillée que les autres, fit, quelques jours*
» *après la distribution, son apparition dans certain*
» *établissement très bien fourni et achalandé, qui*
» *faisait l'admiration et les délices des touristes. Elle*
» *avait de la grâce et y jouit d'une vogue qui devait*
» *devenir fatigante ; mais, quelques mois après, elle*
» *en fut tirée par un Arabe riche qui l'épousa devant*
» *le cadhi. Vous savez, ou vous ne savez pas, que l'acte*
» *de l'état-civil est, en pays arabe, une éponge qui efface*
» *le passé le plus maculé ; c'est un savon qui fait dis-*
» *paraître la tache la plus invétérée, puisqu'il blanchit*
» *même les Négresses....*»

Tout ce que dit le colonel Pein est applicable au Gourara, au Touat, au Tidikelt, à la région qui, actuellement et jusqu'à nouvel ordre, est pour nous l'Extrême-Sud ; avec quelques nuances cependant. S'il n'y a pas de plantations de canne à sucre, il y a de nombreux jardins de palmiers où les esclaves font les travaux les plus pénibles. Jadis, en Algérie, les esclaves étaient relativement en nombre restreint ; aujourd'hui, dans l'Extrême-Sud, ils constituent, au contraire, une partie très notable de la population ; on compte, en chiffres ronds :

13.000 Nègres au Gourara,
18.000 — au Touat,
4.000 — au Tidikelt,

Soit : 35.000 — c'est-à-dire plus du sixième de la population, pour l'ensemble de la région. Il est vrai que, sur ce chiffre, il y a un certain nombre d'affranchis, mais je ne le crois pas assez considérable pour modifier sensiblement la proportion ; l'affranchissement en masse amènerait donc, à coup sûr, dans la situation économique du pays, une perturbation beaucoup plus grande que celle qu'a produite, en Algérie, la loi de 1848, et que le colonel Pein, avec sa verve gauloise, a si spirituellement décrite.

Ce que je viens de résumer, je me permettais, il y a quelques mois, de le dire à l'éminent apôtre de la croisade anti-esclavagiste, qui me faisait l'honneur de m'entrenir de l'œuvre humanitaire à laquelle son nom restera attaché ; et S. Ém. le cardinal Lavigerie me répondit : « *Tout cela est très exact, je le sais, aussi* » *n'est-ce pas l'esclavage, mais la traite que je combats* » *actuellement. L'abolition de l'esclavage résultera* » *forcément de la destruction de la traite, c'est le but* » *final, mais ce ne peut être que l'œuvre du temps.* »

Or, la traite, aussi longtemps qu'elle trouvera des débouchés en Tripolitaine et au Maroc, nous ne pourrons l'atteindre d'une manière efficace que là où elle se pratique, dans le Soudan dont nous ne sommes pas encore maîtres. Espérer la détruire en empêchant, brusquement et sans transition, les arrivages d'esclaves sur les marchés du Touat, du Gourara, du Tidikelt, c'est, je crois, une illusion : les caravanes prendront une autre direction, et avec elles les produits du Soudan que nous cherchons à attirer à nous et qu'elles importent en même temps que les esclaves. Ceux-ci n'en seront pas moins esclaves, car, dès le moment où leurs capteurs ont pu les amener à Tin-Bouktou, le mal était fait. En laissant arriver les captifs jusqu'à notre Extrême-Sud, nous leur assurons, du moins, une existence exempte de misère et de mauvais traitements ; en leur fermant nos portes, nous leur faisons une situation bien pire et nous privons, du même coup, nos oasis des bras qui leur sont nécessaires.

Mais si, momentanément, nous ne pouvons empêcher les « *troupeaux* » d'esclaves d'arriver jusqu'à nous, nous pourrons, du moins, en interdire l'exportation au Maroc, amener ainsi, à la longue, une dépréciation, augmenter le nombre des affranchissements et aussi celui des émigrations qu'il nous appartiendra, alors, de diriger selon nos vues.

Plus tard seulement, quand nous aurons pu nous avancer dans le pays des Touareg, quand nous serons maîtres des routes des caravanes, quand notre action directe dans le Soudan sera devenue effective, nous pourrons songer à prendre des mesures radicales.

Au début, nous devrons, je crois, fermer les yeux sur l'importation, interdire l'exportation, profiter de toutes les circonstances pour gagner du terrain dans la voie de l'émancipation, mais, surtout, nous garder de toute idée préconçue, de toute mesure hâtive qui pourrait avoir des résultats tout opposés à ceux que nous recherchons.

Il est bien entendu que l'expression « *fermer les yeux* », dont je viens de me servir, doit être prise au pied de la lettre ; il ne faut même pas qu'on puisse supposer que nous « *tolérons* » les ventes d'esclaves : la loi française n'admet pas cette catégorie d'individus sur le territoire national, les lois de l'humanité ne l'admettent pas davantage. Il faut compter avec les difficultés inhérentes à la prise de possession d'un pays entièrement neuf et si, comme je le disais tout à l'heure, nous sommes obligés, au début, de fermer les yeux sur des abus que nous sommes fermement résolus à détruire, ce ne peut être que pour un temps limité au strict nécessaire.

L'ANNEXION ET LA SÉCURITÉ. — Examinons maintenant quelles seraient, au point de vue de la sécurité, les conséquences de l'annexion du Gourara, du Touat et du Tidikelt.

Elles peuvent se résumer d'un mot : Pacification.

Les Agitateurs algériens au Touat, au Gourara et au Tidikelt. — Ces groupes d'oasis sont, en effet, le dernier refuge, à portée de notre territoire, de tous les fauteurs de désordre :

C'est de là que Mohammed ben Abdallah partit en 1853, puis en 1859, pour soulever les tribus d'Ouargla et de Tuggurt; ce fut aussi le point de départ de Bou-Choucha en 1871 ; de 1864 à 1884, les Ouled Sidi Cheikh en ont fait le quartier général de l'insurrection ; aujourd'hui encore, ceux d'entre eux qui ont toujours éludé les conditions de leur apparente soumission y jouent un rôle plus qu'équivoque ; enfin, Bou-Amama, le chef de la plus récente insurrection du Sud Oranais, Bou-Amama qui affecte tous les dehors d'un saint et généreux ermite revenu des vanités d'ici-bas, Bou-Amama dont l'influence va croissant de jour en jour, groupe, autour de son campement de Deldoun, tous les fanatiques, tous les mécontents qui fuient notre territoire pour une cause ou pour une autre.

Massacre de la mission Flatters. — C'est à In-Salah, sous les auspices du moqaddem des Senoussya, Abd-el-Kader ibn Ba-Djouda, qui était aussi le chef politique du district, que fut résolu le massacre de la mission Flatters. Le fait est aujourd'hui indubitablement établi :

Dès 1879, lorsque se préparait la première exploration du Colonel, l'hostilité dont il devait être la victime s'était manifestée; mais les Châanbâa, qui avaient fourni les guides de la mission, s'en étaient faits les répondants, ce qui leur imposait l'obligation de faire, le cas échéant, tête aux Touareg, et ceux-ci ne sont pas assez forts pour leur résister. L'année suivante, en 1880, les Châanbâa dégagèrent leur responsabilité, dans un conciliabule tenu entre eux et un Targui, nommé Sidi ag Khatrat, qui leur avait été dépêché par sa tribu, comme négociateur.

Ce conciliabule eut lieu à Aïn-Beïda, petite oasis située près d'Ouargla, deux jours seulement avant l'arrivée du Colonel dans cette dernière ville. De son côté, Ahitaghel, chef du Hoggar, s'était rendu au Tidikelt avec environ 400 mehara et quelques chefs Touareg; il attendait à In-Salah le résultat des négociations de Sidi ag Khatrat, et il s'y tenait, en même temps, à portée de recevoir les instructions de la Zaouïa Senoussienne. Le massacre de la mission fut décidé, d'un commun accord, entre : les Touareg, représentés par Ahitaghel et les chefs qui l'avaient accompagné; les Ouled Sidi Cheikh, représentés par Si Hamza et par son neveu Si Lala; et les Senoussya, représentés par leur moqaddem Abd-el-Kader ibn Ba Djouda. Comme toujours en pareil cas, les meneurs restèrent dans l'ombre, poussant leurs gens en avant, tout en ayant l'air de les retenir, et, tandis que Ba Djouda affectait d'empêcher les Ouled Ba Hammou de prendre part au guet-apens dont le Colonel et ses compagnons allaient être victimes, le district d'In-R'ar, qu lui est absolument inféodé, fournissait 20 mehara au r'azzou chargé de l'exécution.

Assassinat du Lieutenant Palat. — En 1886, un autre explorateur, le Lieutenant Palat, qui avait cru que ses relations personnelles avec quelques membres récemment soumis de la famille des Ouled Sidi Cheikh lui constitueraient une sauvegarde suffisante, paya de la vie son imprudence.

Parti de Saïda, en septembre 1885, ce malheureux officier passa par les campements : de l'agha Si Ed-Din à Rassoul, et de Si Kaddour ben Hamza au Hassi-Bouzid. Il y fut bien reçu et y trouva des guides qui devaient le conduire jusqu'au Gourara.

Il arriva, dans l'après-midi du 7 novembre, avec sa caravane forte, lui compris, de 8 personnes, à El-Goléa où, par une coïncidence toute fortuite, le Commandant

Supérieur du cercle de Ghardaïa, qui n'avait pas été avisé des projets de l'explorateur, était arrivé de son côté, le matin même, avec quelques officiers et une dizaine de spahis (1).

Parmi les guides du Lieutenant Palat, se trouvait un Châanbi, nommé Dahman, connu comme un homme des plus dangereux et dont le nom figurait sur une liste de gens à arrêter. Le Commandant Supérieur en informa M. Palat qui le pria de ne pas le priver des services de Dahman : celui-ci fut donc laissé en liberté.

Après un séjour de près d'un mois à El-Goléa, le Lieutenant prit la route du Tabelkouza et arriva, à la fin de décembre, devant le ksar d'El-Hadj Guelman.

Ici, la note change. M. Palat qui, jusque-là, n'avait rencontré aucune difficulté, se voit en butte à des exigences toujours croissantes, tant de la part de ses guides, que de celle de certains habitants du pays : sous les prétextes et par les moyens les plus variés, on lui extorque de l'argent, un cheval, des armes ; on le met dans l'obligation d'acheter le terrain sur lequel il a planté sa tente, etc. On ne le dépouille pas entièrement, toutefois, non que l'envie en manque, mais parce que le Lieutenant, voyant ses ressources se fondre, parle de retour, qu'il ne faut pas qu'il revienne et que, pour cela, il est nécessaire qu'il aille plus loin, car les gens du ksar ne veulent pas d'un meurtre commis sous leurs murs et dont ils pourraient porter la responsabilité.

---

(1) C'est à cette époque que furent posées les bases de l'occupation effective d'El-Goléa.

Le Commandant Supérieur du Cercle de Ghardaïa était alors le Chef de Bataillon Didier ; il était accompagné : du Capitaine Bissuel, Chef de Bureau à la Direction des Affaires Arabes de la Province d'Alger, du Capitaine du Génie Cornille, de l'Interprète Militaire de Calassanti Motylinski et du Vicomte Ch. de Foucauld, Officier de cavalerie démissionnaire, connu par la belle exploration qu'il a faite au Maroc en 1883-1884.

On le met donc en rapport avec de nouveaux guides qui doivent le conduire à Tin-Bouktou, disent-ils, mais qui, en réalité, ont pour mission de l'assassiner. On le sépare adroitement de son serviteur le plus sûr, un Nègre nommé Ferradji, ancien tirailleur au 2ᵉ Régiment, qu'on fait vendre comme esclave, afin qu'il ne revienne pas, lui non plus. Puis, les premiers guides reprennent la route du Nord, mais non sans avoir pris leurs précautions et s'être fait délivrer, par le malheureux Lieutenant désormais hors d'état de lutter, une sorte de certificat de bonne conduite.

Après leur départ, les extorsions recommencent de plus belle ; enfin, ne pouvant plus compter que sur lui-même, ses ressources s'épuisant de plus en plus, M. Palat se remet en route, en compagnie de son interprète et de ses guides dont le chef était un homme d'In-Salah, nommé Ahmed ben Abd-el-Kader (1).

Trois ou quatre jours après, on était au commencement du mois de février 1886, les guides séparaient, sous prétexte de chasse, l'officier de son interprète et les tuaient tous deux.

Or, Ahmed ben Abd-el-Kader, le guide assassin, n'est autre que le neveu d'Abd-el-Kader ibn Ba Djouda. Celui-ci, quand il le vit revenir à In-Salah, le fit arrêter et marquer de feu au visage ; il le maintint quelque temps en prison, protesta auprès de l'Autorité Française de la pureté de ses propres intentions, s'employa à recueillir divers objets ayant appartenu à M. Palat, et.... profita de l'occasion pour réclamer les bons offices du Commandant Supérieur de Ghardaïa dont il sollicitait le concours pour la recherche de chameaux volés.

---

(1) Le nom d'Ahmed ben Abd-el-Kader n'est pas seul qui ait été prononcé dans cette odieuse affaire, mais en l'absence de preuves juridiques, je ne crois pas devoir incriminer, quelle que puisse être ma conviction, des individualités qui, après tout, peuvent n'être pas coupables.

Cette attitude, toute nouvelle, de Ba Djouda était faite pour surprendre, mais, en somme, elle était copiée sur celle de Si Kaddour qui, à peu près à la même époque, renvoyait, à Géryville, les restes du Lieutenant Palat, ou du moins, des ossements humains présentés comme tels.

On raconte, du reste, à In-Salah, que ce n'est pas précisément l'indignation causée par la mort du Lieutenant qui a poussé Ba Djouda à se montrer si sévère envers son neveu, mais, simplement, le dépit qu'il éprouvait devant l'obstination de celui-ci à nier qu'il eût trouvé de l'argent sur le cadavre ou dans les bagages de sa victime.

Je me suis étendu un peu longuement sur les incidents qui ont marqué la fin tragique du Lieutenant Palat; c'est qu'ils montrent bien l'état d'esprit qui domine dans ces régions devenues le dernier refuge de l'indépendance. A tout prix, il faut empêcher le Chrétien d'y pénétrer ou, tout au moins, d'en revenir; on sait bien que le voyageur isolé est, qu'il le veuille ou non, un personnage essentiellement pacifique, mais on sait aussi qu'il « *prend le pays sur le papier* », pour permettre à d'autres, plus nombreux et bien armés, de s'en emparer d'autre manière. On sent, enfin, parce que c'est l'évidence même, que, du jour où nous nous serons installés en maîtres dans le pays, il ne restera plus, aux Bou-Amama et autres, que l'alternative d'une soumission absolue ou la fuite dans l'inconnu. Il est peu probable que cette dernière résolution soit jamais prise : il faut vivre ! Il est certain aussi que la première présente peu d'attraits pour certains personnages dont la conscience n'est que d'une pureté très approximative. La conséquence est qu'on fait le possible pour nous fermer le pays : tout le monde y est intéressé, tout le monde est d'accord sur ce point : Ouled Sidi Cheikh, Touatiens, Gourariens, Touareg et dissidents de toutes origines. Le terrain était donc bien préparé pour la propagande

Senoussienne, et elle n'a pas manqué, en effet, d'y faire de rapides progrès.

Le Senoussisme ; ses doctrines, ses tendances, son importance ; son attitude vis-a-vis du Gouvernement Ottoman. — Le mot *Senoussisme* est un néologisme par lequel nous désignons l'ensemble des doctrines, des tendances, des actes d'une confrérie religieuse de fondation relativement récente, celle des Senoussya, qui prit naissance en 1250 de l'Hégire (1835 de J.-C.) et dont le créateur, qui lui a donné son nom, fut Si Mohammed ben Ali es Senoussi, un Algérien des environs de Mostaganem, plus communément appelé Cheikh Senoussi, ou simplement Si Snoussi, mort en 1859. — Il a eu pour successeur son fils, Si Mohammed el Madhi qui est encore, actuellement, grand maître de l'ordre.

Cheikh Senoussi, dont il serait trop long de détailler la vie, fut un réformateur qui s'était donné pour mission de dégager l'Islam de toutes les innovations, de toutes les compromissions qui ont pu en altérer le dogme fondamental : l'*Imamat*, c'est-à-dire le sacerdoce universel.

« *L'établissement d'un Imam* », dit le commentateur Saâd ed Din Teftazani, cité par le Commandant Rinn (1) « *l'établissement d'un Imam est un point canonique*
» *arrêté et statué par les Fidèles du premier siècle de*
» *l'Islam. Ce point, qui fait partie des règles aposto-*
» *liques et qui intéresse, d'une manière absolue, la loi*
» *et la doctrine, est basé sur cette parole du Prophète :*
« Celui qui meurt sans reconnaître l'autorité et l'Imam
» de l'époque est censé mort dans l'ignorance, c'est-à-
» dire dans l'Infidélité.... » « *Le peuple Musulman doit*
» *donc être gouverné par un Imam. Cet Imam doit*

---

(1) *Marabouts et Khouan*, pages 3 et 4.

» *être seul, unique ; son autorité doit être absolue ; elle*
» *doit tout embrasser ; tous doivent s'y soumettre et la*
» *respecter ; nulle ville, nulle contrée ne peut en recon-*
» *naître aucun autre, parce qu'il en résulterait des*
» *troubles qui compromettraient la religion et l'État ;*
» *et, quand même une autre autorité indépendante*
» *serait à l'avantage temporel de cette ville, de cette*
» *contrée, elle n'en serait pas moins illégitime et con-*
» *traire à l'esprit et au bien de la religion, qui est le*
» *point le plus essentiel et le plus important de l'admi-*
» *nistration des Imams.* »

Cet exposé pourrait être ainsi résumé : « *Hors de l'Islam, pas de salut !* » Les Musulmans donnent à cette pensée une forme autrement énergique ; ils divisent l'humanité en deux groupes :

Dans l'un, دار الاسلام *(Dar el-Islam,* la maison du salut), sont classés : les vrais Croyants مسلمين *(Messelmin,* les Musulmans), les *Raïa* (رعية), non Croyants, mais sujets de Souverains Musulmans, enfin, ce qu'ils appellent « *les accrédités* » (مستمين, *Moustemiin),* c'est-à-dire les étrangers en mission ou de passage en pays Musulman.

Tout ce qui n'appartient pas à l'une de ces trois catégories est classé, comme ennemi, dans *Dar el-Harb* (دار الحرب), la maison de la Guerre.

Cheikh Senoussi, qui était un intransigeant, en a déduit qu'un Musulman doit éviter tout contact avec un Chrétien, à plus forte raison avec un Juif, qu'il ne doit ni lui parler, ni le saluer, ni surtout le servir, même quand c'est un *Raïa.*

Si c'est un (حربي *Harbi)* ennemi, « *la loi, non seule-*
» *ment autorise, mais même recommande de le piller et*
» *de le tuer où, comme et quand on peut.* »

Ce sont là les termes mêmes dont s'est servi, en

mars 1861, un moqaddem Senoussien qui prêchait à R'ât pendant que M. Duveyrier était campé sous les murs de la ville : l'invitation était directe et, si elle ne fut pas suivie d'effet, on ne peut vraiment pas en accuser le manque de zèle et d'à-propos de cet excellent prédicateur qui se nommait Si El-Hadj Ahmed ben Belkacem.

Cheikh Senoussi n'était pas seulement un intransigeant, c'était aussi un logicien : s'il est défendu à un Musulman d'avoir aucun rapport avec un Infidèle, il n'y a aucune raison pour qu'un Souverain se permette d'enfreindre cette défense, et, en 1861, Si Mohammed el-Madhi ayant succédé à son père, le Commandeur des Croyants, le Sultan Abd-ul-Medjid, fut audacieusement frappé d'une sorte d'excommunication pour l'avoir oublié.

En attendant que sonne l'heure fixée par Dieu pour le triomphe de l'Islam, tout Croyant qui est hors de la Maison du Salut doit y rentrer, et, comme la Maison du Salut c'est le territoire soumis à un Souverain Musulman, c'est l'émigration que Si Senoussi présente comme un devoir à nos sujets Algériens, pour ne citer que ceux-là.

Le successeur de Si Senoussi n'est pas plus tendre pour les Musulmans qui se sont écartés de ses prescriptions que pour nous ; il s'est approprié et répète souvent ces paroles d'un marabout de Mostaganem :

التّرك والنّصارى *Et Turk ou en Nsara.*

الكل في زمرة *El koul fi zemra.*

نقطعهم في مرّة *Neqettahoum fi merra.*

Les Turcs et les Nazaréens (Chrétiens),
Tous dans (une seule) catégorie,
Je les couperai (tuerai) en (une seule) fois.

Ce que M. Duveyrier traduit plus élégamment par :
« *Les Turcs et les Chrétiens sont tous d'une même*
» *catégorie ; je les briserai du même coup.* »

Comme la plupart des ordres religieux, celui des Senoussya affecte de tout rapporter à Dieu et de considérer comme très secondaires les choses de ce monde. M. Duveyrier, dans une étude très complète, publiée en 1884, nous dit ce qu'il faut penser de ce désintéressement des choses temporelles.

Depuis 1835, date de la fondation de l'Ordre, 121 zaouïas connues ont été créées : en Égypte, à Constantinople, à Médine, à La Mecque, en Tripolitaine, en Tunisie, dans la Nigritie, dans le Ouadaï, dans le Sahara indépendant, au Maroc, en Algérie et jusqu'à Tin-Bouktou.

La zaouïa métropolitaine est à Djer'boub, ou Yakboub (on écrit encore Jerhboub, Djaraboub, Jerhabib, Yagboub), en Égypte; elle fut fondée en 1861, en vertu d'un firman du Sultan de Constantinople.

Voici la description qu'en fait M. Duveyrier :

« *C'est un grand couvent fortifié, situé sur le versant*
» *sud et dans les catacombes du plateau qui borde, au*
» *Nord, le lac de Faredgha.*
» *Jerhboub n'était qu'un lieu désert avant la fonda-*
» *tion de cette zaouïa... On commença par bâtir de*
» *grands réservoirs et créer des plantations. En 1874*
» *encore, le couvent ne contenait que quelques juris-*
» *consultes, étudiants et esclaves. Deux ans plus tard,*
» *on trouvait, à Jerhboub, des ateliers d'armurerie où*
» *on montait des fusils venant d'Égypte. La confrérie*
» *possédait déjà là, en magasins, quinze canons achetés*
» *à Alexandrie, des quantités de fusils et de poudre,*
» *et elle nourrissait de nombreux chevaux dans les*
» *écuries de la zaouïa. — La population du couvent et*
» *de ses environs a varié dans de notables proportions :*
» *en 1880, on évaluait à 4,000 le nombre des seuls*
» *Algériens formant la garde du corps de Sidi Moham-*

» med el-Madhi. En 1881, celui-ci tenait grande cour à
» Jerhboub, au milieu de ses esclaves (2,000 environ)...
» Puis, les rangs des Fidèles se seraient éclaircis, car un
» pèlerin, revenu de Jerhboub, en 1883,... estime à 750
» seulement le nombre des habitants du couvent. »

Si Djer'boub est devenu la capitale religieuse et militaire des Senoussya, ce n'est pourtant pas là le point de départ de l'Ordre. C'est à Ben Ghazi, dans la Tripolitaine, que Si Senoussi, fuyant La Mecque où il était tracassé, fonda son premier établissement. Bientôt le Djebel Lakhdar entier fut soumis à son influence et ce fut alors seulement que, l'Ordre prenant une extension toujours croissante, on songea à la création de la forteresse de Djer'boub.

Les Senoussya sont, actuellement, une lourde charge pour la Tripolitaine, où le Gouvernement Ottoman est obligé de les subir et où ils ont fini par créer un véritable état dans l'État.

Le chef de l'Ordre est représenté à Ben Ghazi par une sorte de procurateur qui porte, officiellement, le titre d'*Oukil es Senoussi ;* ce personnage reçoit, du Gouvernement Ottoman, un traitement de 500 piastres par mois et habite une maison qui lui a été donnée par ce même Gouvernement.

Chaque chef de zaouïa fait labourer et ensemencer chaque année, par les Indigènes et à leurs frais, les terrains qu'il lui plaît de choisir ; quand la récolte est abondante, le surplus des grains de chaque zaouïa est envoyé à Ben Ghazi et embarqué, franc de tous droits, pour l'étranger ; le produit de la vente est envoyé à Djer'boub.

Les Cheikhs des zaouïa du district de Ben Ghazi se sont peu à peu emparés du pouvoir que les Kaïmakam Turcs n'exercent plus que nominalement ; la justice est aux mains des Senoussya.

Si Mohammed el-Madhi se fait passer pour l'Imam el-

Mahdi, cet Ante-Christ musulman qu'on appelle aussi le Moul es Sâa (le Maître de l'Heure), qui doit apparaître 40 ans avant la fin du monde et convertir tous les peuples à l'Islam.

Il porte, dit-on, entre les deux épaules, la marque des Prophètes, c'est-à-dire un signe rond et bleuâtre qui, d'après la tradition musulmane, aurait existé, à la même place, sur les corps de Moïse, de N.-S. Jésus-Christ et du Prophète Mohammed.

Il ne se montre jamais et ne sort que le visage couvert d'un voile; on affirme même que, lorsqu'on croit être reçu par lui, ce n'est pas à Si El-Madhi qu'on a affaire, mais à son sosie qui pourrait bien être son frère de la main gauche, fils de Si Senoussi comme lui, mais d'une mère originaire du cercle de Biskra.

Si El-Madhi aurait environ cinquante ans; c'est un homme très vigoureux, très actif, doué d'une énergie morale peu commune et dont l'extension qu'a prise l'Ordre, depuis qu'il est à sa tête, dénote la valeur intellectuelle.

Il est certain que, grâce à la propagande senoussienne, l'Islamisme a regagné, dans le centre de l'Afrique, le terrain perdu par lui dans le Nord; il est certain aussi que le cordon de zaouias qui va de Djer'boub à Fez, en passant par le Ouadaï, l'Aïr, Tin-Bouktou et le Touat, tend à se renforcer et à enserrer l'Algérie de façon à couper ses communications avec le Soudan. Il nous importe donc de rompre le cercle avant qu'il soit devenu assez compact pour pouvoir entraver notre marche.

Notre situation vis-à-vis du Maroc, au Touat, au Gourara et au Tidikelt. — Les droits du Maroc sur ces contrées sont illusoires. — Il nous reste à considérer les obstacles qui pourraient surgir du côté du Maroc.

De droits sur le Gourara, le Touat, le Tidikelt, et même peut-être sur le Tafilalet qui n'est pas en cause, le Maroc n'en a pas à proprement parler.

Conquis successivement en 1315, en 1540, 1588, 1667 et, en dernier lieu en 1808, par les Souverains de Fez et de Maroc, les ksour qui nous occupent n'ont jamais tardé beaucoup à recouvrer leur indépendance. Ils reconnaissent, il est vrai, l'autorité religieuse de l'Empereur du Maroc, mais, comme les catholiques de France, par exemple, reconnaissent celle du Pape, et sans que leur respectueuse soumission, pour tout ce qui touche à l'ordre spirituel, implique la moindre aliénation de leur indépendance politique et nationale. A aucune époque, ils n'ont fait partie intégrante de l'Empire du Maroc, et c'est ce qui ressort du seul instrument diplomatique qui ait jamais fixé les droits respectifs de la France et du Maroc dans le Sahara, le traité du 18 mars 1845.

Traité de 1845. — L'article VI de ce traité, après avoir attribué : au Maroc les oasis d'Ich et de Figuig, à la France les ksour d'Aïn Sefra et de Sfissifa, ajoute : « *Quant au pays qui est au Sud des ksour des deux* » *Gouvernements, comme il n'y a pas d'eau, qu'il est* » *inhabitable et que c'est le désert proprement dit, la* » *délimitation en serait superflue.* »

Si, donc, à cette époque, la France ne songeait pas encore à pénétrer dans la vallée de l'Oued Nsaoura ni, *a fortiori*, à pousser jusqu'au Touat, au Gourara, au Tidikelt, de son côté, le Maroc n'élevait aucune prétention à la possession de ces territoires. Ceux-ci sont donc bien indépendants, et même si, voulant tirer du texte du traité de 1845 ce qu'il ne dit pas, on prolongeait la limite entre les deux Empires, suivant le méridien d'Aïn Sefra, ils resteraient à l'Est de ce méridien et rentreraient, par conséquent, dans notre zône d'influence.

Attitude des populations. — Intrigues marocaines. — Lettres du Sultan du Maroc. — Il ne s'ensuit pas que le Maroc ne les convoite pas, et il est probable que, si le trône de Fez était moins vermoulu, son possesseur nous y aurait depuis longtemps devancés. Les excitations ne lui ont pas manqué; les habitants eux-mêmes lui ont fait des avances, comme ils nous en ont, du reste, fait aussi à d'autres époques, allant de l'un à l'autre, suivant leurs craintes du moment, comme des gens qui ont conscience de la fragilité de leur indépendance et qui se doutent bien que, tôt ou tard, il leur faudra, bon gré mal gré, devenir les sujets de quelqu'un.

L'histoire de ces dernières années est curieuse à ce point de vue :

En 1861, le Commandant Colonieu se rend en mission au Gourara. Aussitôt, le bruit s'y répand que cet officier supérieur arrive à la tête d'une colonne; la djemâa de Timimoun envoie, sans perdre de temps, un myad au Sultan du Maroc, pour lui demander sa protection contre nous et lui offrir, en échange, un tribut de cent Négresses. Le Sultan ne répond pas et les Gourariens se disposent à faire leur soumission au Commandant Colonieu, lorsque l'arrivée de la mission, que ne suit aucune colonne, calme leurs alarmes et les fait renoncer à ce projet.

En 1873, le Général de Galliffet arrive, avec une colonne cette fois, à El-Goléa. Aussitôt, les djemâa de l'Aouguerout, de Timimoun, d'In-Salah lui font des offres de soumission ; mais le Général n'a pas mission d'occuper El-Goléa; son expédition n'est qu'une démonstration; arrivé le 24 janvier, il reprend, le 1er février, la route d'Ouargla, et les offres de soumission reprennent la route inverse.

En 1881, après le massacre de la mission Flatters, de nouvelles craintes se manifestèrent, craintes bien naturelles, puisque c'est à In Salah que, comme nous l'avons vu, le massacre avait été décidé; et, comme les excitations des Senoussya Tripolitains y avaient contribué pour une bonne part, on songea, ceux-ci étant sujets du Sultan de Constantinople, à se mettre sous la protection de Sa Hautesse.

Le Pacha de Tripoli, dont la conduite, comme celle de toutes les autorités ottomanes, fut très loyale en cette affaire, communiqua à notre Consul Général, qui était alors M. Féraud, la lettre suivante, écrite par Ahitaghel au Kaïmakam de R'adamès. Le chef du Hoggar ne parle qu'au nom des Touareg, qu'il représente auprès des autorités ottomanes, comme il les avait représentés au conciliabule d'In-Salah :

« *Au nom du Dieu clément et miséricordieux !*
» *De la part du Cheikh Younès, surnommé Ahitaghel*
» *ben Biska, chef du Hoggar, à Sa Seigneurie Bou*
» *Aïcha, Émir de la ville de R'adamès, salutations...*

» *Si vous êtes assez bon pour vous intéresser à nous,*
» *sachez que nous nous portons bien et que nous jouis-*
» *sons de la paix ; nous faisons des vœux pour qu'il en*
» *soit de même de votre côté, s'il plaît à Dieu ; nous*
» *n'avons aucune nouvelle à vous annoncer, rien abso-*
» *lument n'est survenu sur notre territoire.*

» *Maintenant, ô cher ami, vous nous aviez recom-*
» *mandé de surveiller les routes et de les préserver*
» *contre les gens hostiles ; c'est ce que nous avons fait.*
» *Nous nous appliquons à garantir les routes contre les*
» *incursions d'ennemis musulmans et rien, en effet, ne*
» *s'est produit ; mais aujourd'hui, ne voilà-t-il pas que*
» *des Chrétiens veulent suivre nos routes. Je vous*
» *informe de ce qui est arrivé à ces Chrétiens, c'est-à-*
» *dire au Colonel Flatters qui est venu chez nous avec*
» *ses soldats armés de mille cinq cent cinquante*
» *canons* (sic), *dans l'intention de traverser le pays du*
» *Hoggar pour se rendre au Soudan. Ils sont venus, en*
» *effet, au Hoggar, mais les gens de cette contrée les*
» *ont combattus pour la guerre sainte de la manière la*

» *plus énergique, les ont massacrés et c'en est fini.*
» *Maintenant, il faut, il faut* (sic) *absolument, ô cher*
» *ami, que la nouvelle de nos hauts faits parvienne*
» *à Constantinople. Informez là-bas de ce qui est arrivé,*
» *c'est-à-dire que les Touareg ont fait contre les Chré-*
» *tiens une guerre sainte exemplaire ; que Dieu les a*
» *secourus contre les Chrétiens pour les détruire. Mais*
» *aujourd'hui, si, par ordre de l'autorité, les Chrétiens*
» *ont la faculté de voyager chez les Touareg, ce sera*
» *d'un très mauvais effet, pour nous, chez les Chrétiens,*
» *pour nous qui avons combattu pour la guerre sainte.*

» *On dit que ces Chrétiens sont énergiques et batail-*
» *leurs ; donc maintenant, ô cher ami, faites parvenir*
» *mes paroles à Constantinople et dites, en hauts lieux,*
» *que je demande à ce que les Musulmans, par vos*
» *ordres, viennent à notre aide pour soutenir la guerre*
» *sainte dans la voie que Dieu nous a tracée.*

» *S'il plaît à Dieu, nous serons maintenant les com-*
» *battants pour la guerre sainte comme Dieu le veut.*
» *Salut.*

» Le 26 du mois de Rebia el Ouel du Prophète 1298.
» (Samedi, 26 février 1881). »

Le massacre de la mission avait eu lieu le 16 février 1881 (16 Rebia el Ouel 1298). La réflexion n'avait pas tardé à venir et, ne pouvant supposer que dix ans s'écouleraient sans que la France fît mine de leur demander compte du sang versé, les assassins cherchaient des protecteurs. Tandis qu'Ahitaghel se tournait du côté de Stamboul, Ba Djouda, tout en joignant ses propres démarches à celles de son complice, écrivait à Fez dans le même sens.

La Sublime-Porte, comme nous l'avons vu, prit immédiatement une attitude qui ne pouvait laisser aucune illusion à ceux qui imploraient son assistance. La cour de Fez fut moins nette : le Sultan répondit, à la fin de 1881, sans s'engager à rien, il est vrai, mais il répondit.

En 1882, l'annexion du Mzab raviva les appréhensions que notre inaction avait commencé à calmer, et, dès les premiers jours de 1883, un échange assez actif de correspondances s'établit entre Ba Djouda et la cour de Fez. S'il faut en croire les bruits qui circulaient vers cette époque dans nos tribus, Ba Djouda aurait, à ce moment, fait acte de soumission à l'Empereur et se serait déclaré son sujet, agissant ainsi, non seulement en son nom personnel, mais encore comme représentant et mandataire des gens d'In-Salah.

Quoi qu'il en soit, au mois de mai 1884, le Lieutenant Le Châtelier, adjoint de 1re classe du service des Affaires Arabes et chef du poste récemment créé d'Ouargla, appelait l'attention de l'Autorité Militaire sur l'affectation que mettait Ba Djouda à se qualifier, dans ses lettres, de « *Sujet de l'Empereur du Maroc* » ; il signalait la même tendance dans l'attitude et le langage des gens du Touat et du Tidikelt. Le Gouvernement Général, avisé, ne s'émut pas et se borna à proscrire toute correspondance directe avec les chefs de ces contrées.

En avril 1886, de nouveaux échanges de lettres, entre le Sultan et les Gourariens, sont signalés.

En 1886, après l'assassinat du Lieutenant Palat, nouvelles craintes et aussi nouvelles démarches auprès de l'Empereur du Maroc. Cette fois, même, ces démarches prennent un caractère plus accentué : on propose à Sa Majesté Chérifienne de lui envoyer une députation ; on lui demande d'investir des chefs qui commanderont en son nom ; on se déclare ses sujets, on reconnaît que le Touat, le Gourara, le Tidikelt font partie intégrante de l'Empire de Mouley Hassen.

A des avances aussi formelles, le Sultan Mouley Hassen répond par l'envoi de lettres dont des copies sont aussitôt répandues à profusion dans les ksour. Deux de ces copies tombent entre les mains d'un espion envoyé au Touat par le Major Deporter, Commandant Supérieur du Cercle de Ghardaïa. Elles sont assez curieuses et instructives pour être citées in extenso ; les voici :

1° Lettre adressée aux Khenafsa de l'Aouguerout :

« *A nos serviteurs de la djemâa des Khenafsa, et
» principalement aux Cheurfa, marabouts et lettrés.*
» *Salut à vous, et que le Dieu Très Haut vous accorde
» sa miséricorde et ses bénédictions.*
» Vous me dites que vous êtes à moi et pour moi, cela
» est indubitable.
» *Vous savez ce qui est arrivé aux gens du Djebel el
» Amour à cause des Ouled Cheikh. Je leur avais pro-
» digué mes conseils, et, par de nombreuses lettres, je
» les invitais à mettre un terme à leurs agissements.*
» *Ils n'ont pas écouté mes avis, et pas un d'entre eux
» n'a tenu compte de mes paroles. Je les ai adjurés
» formellement de renoncer à leur façon de faire. Mes
» exhortations n'ont fait qu'accroître leur rébellion.
» J'ai alors remis leur sort entre les mains du Dieu
» unique et redoutable, jusqu'au moment où se sont
» produits les événements qui ont amené leur désorga-
» nisation.*
» *Quant à vous, gardez la ligne de conduite qui vous
» sied et qui doit vous assurer le bonheur et le salut.
» Restez dans l'expectative. Je ne saurais consentir à
» vous voir tomber dans l'avilissement et devenir victi-
» mes d'événements fâcheux.*
» *Employez votre zèle et votre résolution à rester
» fermes, et soyez de ceux auxquels s'applique la parole
» de Dieu suivante :* « Mettez sur pied toutes les forces
» dont vous disposez et tous les chevaux que vous
» pourrez équiper, afin d'intimider ainsi l'ennemi de
» Dieu et le vôtre (1) ».
» *Que Dieu vous fasse prospérer, qu'il vous main-*

---

(1) Koran. — Sourate VIII. — Le Butin. — Verset 62.

» *tienne dans l'union, et que sa bénédiction vous entoure*
» *autant que vous pouvez le souhaiter. Salut.*

« Le 17 Choual 1303 (samedi, 19 juillet 1886) ».

2° Lettre adressée à la Djemâa de Timimoun :

« *A nos serviteurs bien-aimés de la Djemâa de Timi-*
» *moun, Ksar du Touat: Cheurfa, Marabouts et autres,*
» *et plus spécialement à l'homme vertueux, que Dieu*
» *assiste! au Cheikh Mohammed es Salem ben El-Hadj*
» *Mohammed Abd er Rahman ; que Dieu vous dirige et*
» *vous seconde dans l'accomplissement de ce qu'il veut*
» *et agrée !*

» *Salut à vous, et que le Dieu Très-Haut vous accorde*
» *sa miséricorde et ses bénédictions !*

» *Nous avons reçu votre lettre. Elle montre que vous*
» *choisissez de préférence les règles du bien, et que vous*
» *vous enveloppez dans les voiles de la bonne voie,*
» *puisque vous vous abreuvez aux sources abondantes*
» *et fécondes de l'obéissance et du devoir.*

» *Vous dites que ce qui nous est parvenu, au sujet de*
» *la soumission du Touat au Gouvernement Français,*
» *est faux, et vous protestez contre cette imputation*
» *que vous craignez de voir acceptée et transportée sur*
» *les épaules de la créance.*

» *Vous ajoutez qu'au contraire, le Touat est à nous*
» *et qu'il est nécessaire que nous affirmions notre auto-*
» *rité sur ce pays en nous en occupant ;*

» *Que, dès longtemps, de nombreuses lettres ont été*
» *envoyées par le Touat à nos vertueux Prédécesseurs,*
» *lettres qui constituent le meilleur titre à notre solli-*
» *citude ;*

» Que votre écrit est un précurseur annonçant l'arrivée
» de tous les notables auprès de Notre Majesté élevée
» en Dieu, un ambassadeur chargé d'obtenir notre
» agrément et pourvu des recommandations excellentes
» par lesquelles l'esclave obtient la bienveillance de son
» maître.

» Quant à être sous notre protection et faire partie
» intégrante de l'Empire du Maroc, cela est incontes-
» table ; les vérités premières ne peuvent être mises en
» discussion par personne, et il n'est pas besoin de
» preuves pour les établir. *Votre groupe, en effet, se*
» *compose en majeure partie de gens qui voyagent, et*
» *il n'est aucun point de l'Empire où ils ne viennent*
» *chercher la fortune ou se fixer, si bien que, pour un*
» *grand nombre de vos individualités, il est devenu une*
» *patrie et qu'il offre, depuis longtemps, à la plupart*
» *de vos congénères, existence et résidence.*

» *Quant aux propos tenus par certaines gens, s'ils sont*
» *arrivés à vos oreilles, vous savez que Dieu a voulu*
» *que ce monde fût une épreuve pour la foi des hommes,*
» *et comme l'étalon contrôleur des lingots des âmes,*
» *destiné à leur faire considérer les hauteurs infinies*
» *comme un gage difficile à acquérir. Mais, que faire*
» *avec ceux qui se mettent eux-mêmes le couteau*
» *sur la gorge ? Dieu n'a-t-il pas dit au Prophète :*
« Il ne t'appartient pas de les diriger dans la bonne
» voie ? »

» *Si la lumière d'élection de Dieu s'est répandue sur*
» *un peuple qui ne sait pas reconnaître les faveurs*
» *divines, Dieu produira certainement un peuple qui*
» *sera l'objet de son amour et qui l'aimera. Les décrets*
» *du Dieu Très-Haut ne peuvent être ni entravés, ni*
» *arrêtés, que ce qu'ils doivent atteindre s'efface ou se*
» *découvre.*

» *Vous exprimez également la crainte de nous voir*
» *prêter l'oreille aux propos qui nous sont parvenus à*
» *votre sujet.*

» *Loin de nous la pensée d'y ajouter foi, et à Dieu ne*
» *plaise qu'un groupe quelconque de notre peuple par-*
» *tage cette opinion sur vous! Nous avons, au contraire,*
» *la certitude absolue que vous tenez à la Foi, par les*
» *liens les plus solides ; qu'animés des intentions les*
» *plus pures, vous vous appliquez à suivre la lumière*

» *qui dirige dans la voie par excellence, servant ainsi*
» *d'exemple aux générations futures.*

» Vous nous dites encore que le Touat est à nous.

» Certes, il est à nous, aussi bien que nous sommes à
» lui *et ce qui est à nous est à Dieu et à son Prophète*
» *(qu'il soit béni !). Pour rappeler le texte des hâdits :*
» *Celui qui obéit à son Émir m'obéit, et celui qui m'o-*
» *béit obéit à Dieu.*

» *Que Dieu vous fasse prospérer et qu'il fasse*
» *pencher la balance de la justice en faveur de vos*
» *actions !*

» *Vous nous rappelez aussi l'envoi de lettres à nos*
» *Illustres Prédécesseurs, aux Auteurs Augustes de*
» *notre race. Cela est vrai,* et comment n'en serait-il
» pas ainsi ? *Puisque* vous êtes nos sujets et comptez
» parmi ceux confiés à notre garde. Comme tels, vous
» avez envers nous des droits et des devoirs, et nous en
» avons également envers vous, *parce que depuis long-*
» *temps vous marchez d'un pas assuré dans les voies*
» *prescrites de l'obéissance, et vous vous appliquez, de*
» *tous vos efforts, à rester dans le bien.*

» Vous ajoutez aussi que votre écrit doit être consi-
» déré comme un ambassadeur et qu'il précède vos
» notables. Certes oui, c'est un excellent ambassadeur,
» et, par la puissance de Dieu, sa teneur vous assurera
» le bien ; pour dire plus, il est une garantie que vos
» vœux seront accomplis. *La direction secrète que*
» *Dieu imprime aux hommes se manifeste par les paroles*
» *et par les actes, et sa protection les entoure de droite*
» *et de gauche.*

» *Soyez donc, d'ici, les bienvenus ; vous avez notre*
» *considération et vous êtes l'objet de notre distinction.*
» Vous êtes des nôtres et vous êtes nos serviteurs,
» comme vous avez été, de génération en génération,
» ceux de nos ancêtres, *serviteurs portés sur les épaules*
» *de la bienveillance et du bon accueil, connus pour la*
» *loyauté de vos services, pour votre conduite excellente*

» *et immuable, fixés résolûment et définitivement dans*
» *la large voie de la vérité et tels que ceux qui vous*
» *voient ne peuvent avoir l'idée de douter de vous, prêts*
» *à faire triompher la religion, mordant à pleines dents*
» *dans la souna du Seigneur des premiers et des*
» *derniers, avides du désir de suivre la voie d'élection,*
» *d'y persévérer et d'éviter la désobéissance et l'inno-*
» *vation; votre application au bien est aussi constante*
» *que louable; vos bonnnes actions sont soigneusement*
» *triées (pour vous être comptées dans la vie future);*
» *vos vertus distinguées sont considérées par nous*
» *comme de beaux exemples, dignes d'être suivis et*
» *conservés par l'histoire.*

» *Pour vous montrer, en nous entretenant avec vous,*
» *combien nous avons à cœur vos intérêts et quel compte*
» *nous tenons de votre conduite, pour vous mettre en*
» *mains les rênes de vos désirs, pour mettre de votre côté*
» *tous les éléments destinés à vous faciliter et à vous*
» *assurer la réussite, nous émettrons un avis juste dont*
» *l'adoption aura pour résultat, en vous aplanissant la*
» *voie, de vous faire atteindre le but de vos préoccu-*
» *pations et de vos vœux, de permettre à nos soins de*
» *s'étendre sur vous et de ne plus vous échapper, de ne*
» *plus vous laisser en dehors de notre sollicitude auguste*
» *et bien connue, et enfin, de revêtir ce pays du man-*
» *teau de notre protection, d'en grouper les parties dans*
» *un même fil (comme les grains d'un chapelet) en sorte*
» *que nous ne détournions plus de lui notre autorité et*
» *nos regards.*

» Il s'agit de désigner parmi vous, ou de me faire
» désigner un Khalifa, afin que l'autorité de la djemâa
» soit centralisée entre les mains d'un homme qui
» répande le parfum de la soumission, *qui soit un inter-*
» *médiaire du bien, destiné à faciliter et hâter la*
» *réalisation de vos vœux.*

» Désignez donc celui que vous aurez agréé; si
» cependant vous préférez être sous l'autorité de l'Amel

» du Tafilalet ou de celui d'Oudjda, décidez la question
» et prenez un engagement définitif.

» *Nous prions Dieu de nous accorder, pour accomplir*
» *nos promesses, le secours de sa grâce insigne et de*
» *ses abondantes faveurs. Nous lui demandons égale-*
» *ment de nous seconder, ainsi que vous et tous les*
» *Musulmans, dans l'accomplissement de ce qu'il veut*
» *et agrée. — Que sa gloire soit proclamée ! — Amen !*
» *Salut !*

« *Le 17 Choual 1303 (19 juillet 1886)* ».

Ces lettres ne laissaient subsister aucun doute sur les intentions de l'Empereur du Maroc, et le Ministre de France à Tanger, qui était alors M. Féraud, notre ancien Consul Général à Tripoli de Barbarie, fut chargé de demander des explications à Sa Majesté Chérifienne.

Mouley Hassen, dans un entretien verbal avec notre représentant, déclara les lettres apocryphes, puis, comme M. Féraud insistait pour obtenir des explications catégoriques, un désaveu, le Sultan lui fit écrire, par son Vizir, Ministre des Affaires Étrangères, la singulière lettre que voici :

« *Nous avons reçu votre lettre, dans laquelle vous*
» *nous dites que les populations du Sahara, telles que*
» *les Touerga (les Touareg) et autres, désirent amener*
» *le désordre dans ces régions, poussées qu'elles sont*
» *par la jalousie que leur inspirent les rapports amicaux*
» *existant entre les deux Gouvernements, et que, pour*
» *ce faire, elles répandent mensongèrement le bruit que*
» *des tribus du Sahara ont eu des entretiens avec le*
» *Sultan et ont rapporté une lettre de Sa Majesté dont*
» *les copies, colportées parmi les populations du Sahara,*
» *sont lues partout, de telle sorte que quelques-unes*
» *sont arrivées dans les mains du Gouverneur de*
» *l'Algérie qui vous en a envoyé une que vous joignez à*
» *votre lettre. Vous ajoutez que vous avez immédia-*

» *tement écrit à votre Gouvernement que cette lettre*
» *vous paraissait être apocryphe, lui faisant, en outre,*
» *ressortir les liens d'amitié existant avec le Sultan.*

» *Je me suis rendu auprès de l'Empereur, muni de*
» *votre lettre et de la copie qu'elle renferme. Sa Majesté,*
» *après avoir porté son attention sur les faits exposés*
» *par vous, m'a ordonné de vous répondre que cette*
» *lettre est absolument fausse et qu'elle n'est, ni comme*
» *rédaction, ni comme expressions, conforme à l'usage*
» *établi chez le Sultan. La date est mise en chiffres*
» *indiens et, jamais, un écrit émanant de Sa Majesté*
» *Chérifienne n'est daté autrement qu'en chiffres arabes.*

» *Pendant le mois de Choual, dont cette pièce porte la*
» *date, l'Empereur était au fond du Sous.*

» 21 Rebia el Ouel 1304 (18 décembre 1886).

» *Signé :* MEFFADAL GAMIT ».

Nous avions demandé à Mouley Hassen s'il était exact ou non qu'il eût noué des relations avec les Touatiens ; Sa Majesté nous répond : « *Moi ! des relations avec les Touareg ? jamais de la vie !* » et notre diplomatie considère ce coq-à-l'âne comme une réponse suffisante. Je veux espérer qu'elle avait des raisons sérieuses pour feindre la cécité, mais il est certain que Sa Majesté Chérifienne a dû trouver qu'elle avait un bien bon caractère.

Ce qui est non moins certain, c'est que, bien que les lettres eussent été déclarées apocryphes, bien que le Sultan n'eût jamais eu le moindre rapport avec les Touareg, la députation des Touatiens se mit en route dans le courant de juin 1887 et arriva à Mekinez vers le 15 août de la même année.

Son départ, son passage furent signalés de plusieurs côtés à la fois : par les Commandants Supérieurs de Ghardaïa, d'Aïn-Sefra, de Géryville, par les Kebar d'Ich, de Figuig, du Tafilalet, des Doui-Menia, etc., et même par un parent de Bou-Amama, qui précise et donne sa composition : 40 hommes emmenant avec eux 20 Nègres et 15 Négresses destinés à être offerts au Sultan, à titre de cadeau.

La députation rentra au Touat dans les premiers jours de 1888, et notre Ministre à Tanger, en rendant compte du fait, dût reconnaître qu'il ignorait ce qui s'était passé entre elle et le Sultan. Le bruit a couru que ce dernier l'avait fait accompagner, au retour, par des agents chargés de prendre possession des ksour de l'Oued Nsaoura ; ce bruit mérite confirmation : en tout cas, aucune notification officielle n'a été faite de la prise de possession dont il s'agit.

Quoi qu'il en soit, le Sultan du Maroc ne nous verra pas, d'un œil satisfait, nous emparer de territoires qu'il convoite. Il sera certainement incité, par les influences allemande et italienne, à se mettre en travers de nos projets, mais il est peu probable que ni l'Allemagne, ni l'Italie lui prêtent autre chose que leur concours platonique, ce qui est insuffisant pour faire la guerre. Il faudrait, pour qu'il en fût autrement, que la paix fût rompue en Europe, et alors, ce n'est pas sur l'Oued Nsaoura, mais au delà du Rhin que se réglerait la question coloniale. Nos ennemis auraient beau s'emparer de toutes nos colonies, si nous les battons sur le théâtre principal de la guerre, il faudra bien qu'ils rendent gorge. En 1866, malgré les brillantes victoires de Custozza et de Lissa, la Monarchie Autrichienne a dû céder la Vénétie aux alliés battus des vainqueurs de Sadowa.

Quant aux populations du Touat, du Gourara, du Tidikelt, leurs tergiversations, dont nous venons de faire l'historique, permettent de penser qu'elles ne feront pas la moindre résistance, et que l'occupation de leur pays, *à la condition toutefois qu'on ne leur donne pas la tentation d'essayer de détruire des colonnes trop faibles,* se fera, comme en 1882 celle du Mzab, sans qu'il soit nécessaire de faire parler la poudre. Des gens qui auraient des velléités de résistance ne prendraient pas tant de précautions pour ménager, à la fois, la chèvre française et le chou marocain.

BA DJOUDA ET SES SUCCESSEURS REPRENNENT LES ALLURES DE CHEFS D'ÉTAT INDÉPENDANTS. — Il ne faudrait pas croire, en effet, que les avances faites à Mouley Hassen aient eu pour conséquence la rupture des rapports avec nous.

J'ai eu déjà l'occasion de dire que Ba Djouda, après le meurtre du Lieutenant Palat, s'était employé à recueillir divers objets ayant appartenu à cet officier. Il les renvoya au Major Deporter, Commandant Supérieur du cercle de Ghardaïa, par un homme porteur de la lettre suivante, intéressante à plus d'un titre :

« *Louanges à Dieu seul !*
» *Qu'il répande ses bénédictions sur notre Seigneur*
» *Mohammed, sur sa famille et ses compagnons et leur*
» *accorde le Salut !*
» *De la part de l'illustre et béni El-Hadj Abd-el-Kader*
» *ben Sidi El-Hadj Mohammed ben Ba Djouda el Amri.*
» *A Monsieur le Commandant Supérieur du Cercle de*
» *Ghardaïa. Salut à vous et à tous ceux qui sont avec*
» *vous !*
» *Si vous voulez bien vous intéresser à nous et à notre*
» *région, sachez que nous sommes en bonne santé,*
» *grâces à Dieu ! et que notre région, à l'Est et à l'Ouest,*
» *est dans la paix et la prospérité.*
» *Les voyageurs de l'Ouest nous apportent des nouvel-*
» *les du Sultan (du Maroc) et nous disent qu'il est*
» *puissant et heureux. Dieu assure la prospérité aux*
» *pays, par l'intermédiaire de ceux qu'il a mis à leur*
» *tête.*
» *J'ai reçu le messager qui m'a répété les paroles que*
» *vous lui aviez dites au sujet de l'officier (M. Palat)*
» *tué du côté de Gourara. Après l'avoir écouté et com-*

» pris, j'ai envoyé Cheikh Moussa, avec Cheikh ben
» Mohammed ben Abdallah, au Cherif chez lequel les
» effets avaient été déposés, depuis le premier jour,
» avec la liste dressée et arrêtée par les témoins.

» Quant au meurtrier, le porteur de cette lettre, le
» mehari (c'est-à-dire l'homme monté sur un mehari)
» Ould Ba Dahman vous dira en détail tout ce qui le
» concerne (1).

» Si nous sommes liés par les engagements qui font
» l'accord de deux Gouvernements, que chacun de nous
» maintienne chez lui ceux qui cherchent le désordre.

» Des voleurs des Ouled Younès, venant de vos côtés,
» ont enlevé, sur notre territoire, vingt chameaux
» qu'ils ont trouvés errants, et les ont emmenés ;

» De même, Ould Chehma nous a enlevé trois cha-
» meaux et un nègre ;

» Sliman ben Bou Aïch Ould Brahim ben Sâad, à un
» jeune homme qui se croyait en sûreté, son chameau,
» un fusil et un sabre ;

» Cheikh ben Mabrouk ben El-Hadj, accompagné de
» trois individus de sa tribu (les Châanbâa d'El Oued)
» a enlevé également vingt-cinq de nos chameaux, dont
» dix petits et quinze chamelles adultes.

» Nous vous envoyons notre fils Cheikh, en vous
» priant de nous envoyer ces chameaux par lui.

» Nos administrés ne vous ont pas fait de mal dans le
» passé, et nous ne les encourageons pas à vous en
» faire.

» Les individus qui ont r'azzé les gens d'El-Oued
» (Souf) sont : (Ali ben Matallah) ben Doubba, Ben
» Goreïza, Amor ; ils se sont enfuis et ne sont pas venus
» sur notre territoire. Il y avait également avec eux un
» nommé Ben Kadi ben El Habib : il est venu ici à pied.

---

(1) Ce passage, un peu obscur, doit se comprendre ainsi : L'homme à mehari, porteur de cette lettre et qui se nomme Ould Ba Dahman, vous dira en détail tout ce qui concerne le meurtrier.

» *Nous avons obligé son père à vendre l'habitation qu'il*
» *avait ici, et nous l'avons expulsé de chez nous.*
  » *Nous ne laissons pas les gens de désordre habiter*
» *chez nous. Que chacun tienne les perturbateurs qui*
» *sont chez lui.*
  » *Salut !*
       » *Le 29 Moharem sacré, premier mois de l'année 1304*
       » *(28 Octobre 1886) ».*

Voilà une lettre où Ba Djouda prend toutes les allures d'un chef d'État indépendant; il a de bonnes nouvelles de la santé de l'Empereur du Maroc, mais il se garde bien de se dire son sujet; il fait montre de tout ce qu'il a fait lui-même pour empêcher ses gens de molester les nôtres et demande que nous agissions de même de notre côté. Or, sa lettre est datée du 28 octobre 1886, c'est-à-dire de l'époque même où les lettres du Sultan, datées du 19 juillet de la même année et que je citais il y a un instant, étaient répandues à profusion dans le pays. Faut-il en conclure que Ba Djouda, maître en quelque sorte du Tidikelt, désapprouve les démarches des Touatiens et des Khenafsa auprès du Sultan? Non, car si telle était sa pensée, il ne manquerait pas de s'en prévaloir pour s'attirer nos bonnes grâces, et, d'ailleurs, en pareille matière, Touat, Gourara et Tidikelt marchent toujours la main dans la main. Les soffs locaux peuvent bien diviser les populations, mais, en politique extérieure, les intérêts des trois régions sont trop identiques pour que l'une d'elles puisse se détacher des autres. Ba Djouda coquette avec nous, pendant que le Touat et l'Aouguerout en font autant avec Mouley Hassen : c'est toujours l'histoire de la chèvre et du chou.

La mort d'Abd-el-Kader Ibn Ba Djouda a-t-elle modifié la situation ?. Nullement, car voici les termes mêmes de la lettre par laquelle son fils nous a fait part de l'événement :

» *A Monsieur le Commandant Supérieur du Cercle*
» *de Ghardaïa.*

» *De la part du Khelifa El-Hadj el-Madhi, fils de feu*
» *l'Émir El-Hadj Abd-el-Kader ben Sid El-Hadj Moham-*
» *med ben Ba Djouda :*

» *Saluts d'usage.*

» *J'ai l'honneur de vous informer que, personnelle-*
» *ment, je suis en bonne santé et je souhaite que vous*
» *soyez de même.*

» *Quant à mon père, Dieu l'a rappelé dans le sein de*
» *sa miséricorde, mais, s'il plaît à Dieu, le Gouverne-*
» *ment sera toujours fort et paisible, de sorte que vous*
» *n'aurez à concevoir aucune inquiétude pour quoi que*
» *ce soit, de notre part.*

» *La haute position de mon père était établie sur la*
» *base d'une bonne entente avec vous, avec votre politi-*
» *que, et de son concours à maintenir les bonnes*
» *relations avec votre Gouvernement. Telle a toujours*
» *été sa ligne de conduite : pour le bien et pour la justice.*
» *Il nous a recommandé constamment de suivre cette*
» *voie et nous n'avons cessé, sous son commandement,*
» *de lui obéir en tous points.*

(Ici quelques lignes relatives à différentes affaires).

» *Nous avons, à votre égard, les mêmes sentiments*
» *que vous avez pour nous, et nous continuerons les*
» *mêmes errements. Quiconque est placé par Dieu à la*
» *tête d'un peuple sera assisté par Lui, pour mener ses*
» *destinées à bonne fin et dans la voie de la prospérité,*
» *sans bouleversement.*

» *Écrit... à la date du 19 Ramdan 1306 (19 mai 1889).*»

Le fils de Ba Djouda, comme son père, parle en chef d'État indépendant, et il ne fait aucune allusion, ni directe, ni indirecte, au Sultan du Maroc à qui, d'ailleurs, il n'est pas impossible qu'il ait écrit une lettre identique.

En résumé, l'annexion du Gourara, du Tidikelt et du

Touat ne présente pas de difficulté sérieuse; elle assurerait la sécurité du sud-est algérien, nous rendrait maîtres de la route directe de Tin-Bouktou et nous rapprocherait considérablement de nos possessions du Soudan Français.

Nous ne devons pas borner nos efforts a nous rendre maitres de la route de Tin-Bouktou. — La région du lac Tchad les sollicite. — Mais, au point de vue de la constitution de notre Empire Africain, tel qu'il résulte de l'accord anglo-français du 5 août 1890, devons-nous borner là notre effort? En d'autres termes, devons-nous n'avoir d'autre objectif que Tin-Bouktou et le Soudan Français?

Ce serait accepter bénévolement un rôle de dupes et manquer de prévoyance.

L'Angleterre et la convention du 5 aout 1890. — Ce serait accepter un rôle de dupes, car, si nous nous en tenions à la limite que l'acte du 5 août 1890 semble nous imposer entre Saï et Barroua, et entre ce dernier point et la frontière tunisienne, nous n'aurions à nous incorporer que des territoires à peu près improductifs et dont l'importance politique ou stratégique justifierait seule la prise de possession.

L'Angleterre, fidèle à ses traditions, s'est fait la part du lion et, l'aveu en est pénible à faire, beaucoup par notre faute :

La Royal Niger Company. — « *En 1880,* dit
» M. Melchior de Vogüé, *des maisons anglaises et fran-*
» *çaises se partageaient le négoce aux bouches du Niger;*
» *les nôtres, qui étaient les plus nombreuses, reçurent*
» *des propositions séduisantes pour la cession de leurs*
» *établissements; elles demandèrent conseil et appui au*
» *Gouvernement Français. On devine l'accueil fait à ces*

» *importuns qui s'en venaient, d'on ne sait quel Niger,*
» *tracasser les bureaux de Paris. Les maisons fran-*
» *çaises acceptèrent les propositions de leurs concurrents*
» *anglais et liquidèrent. Ce moment a décidé les desti-*
» *nées du Soudan ; il a préjugé les chances des projets*
» *que nous formons aujourd'hui, pour y pénétrer par*
» *des voies de plus long parcours.* La Royal Niger
» Company, *puissamment constituée en 1886, reçut*
» *une charte qui l'autorise à battre monnaie, à faire*
» *des lois, à lever des troupes ; elle entretient une flottille*
» *de vapeurs qui remonte aujourd'hui le Niger jusqu'aux*
» *rapides de Boussang, à 736 kilomètres de la mer ; la*
» *Benoué jusqu'à 720 kilomètres, les deux tiers de la*
» *distance entre le lac Tchâd et la côte.* » C'est une nouvelle Compagnie des Indes.

ANGLAIS ET ALLEMANDS. — Dans l'acte du 5 août 1890, l'Angleterre s'est attribué « *tout ce qui appartient équitablement au royaume de Sokoto* », et, si elle n'y a pas joint le Bornou, elle a réussi, du moins, à le laisser en dehors de notre zône d'influence. Ces deux contrées sont les plus riches et les plus peuplées de la région.

Le Bornou, du reste, est convoité aussi par les Allemands du Cameroun, et il est facile de se rendre compte qu'Allemands et Anglais ont pour objectif de s'emparer des rives sud-ouest, en attendant mieux, du lac Tchâd, auquel on a bien voulu nous permettre d'accéder aussi, mais seulement au nord-ouest, c'est-à-dire dans sa partie marécageuse et malsaine.

Si les Anglais se bornent à le laisser supposer, les Allemands n'en font pas mystère : la carte de Liebenow, publiée à Berlin en 1886, réunit les colonies du Cameroun à celles de l'Afrique orientale allemande, par une large bande coupée seulement par l'État indépendant du Congo. On s'imagine ce que deviendrait l'indépendance de cet État si les fantaisies du géographe allemand devenaient la réalité.

Je disais, tout à l'heure, que borner nos efforts à nous assurer la possession de la route de Tin-Bouktou serait faire acte d'imprévoyance.

En effet, entre la colonie allemande du Cameroun et le Congo Belge, il y a le Congo Français que nous pouvons réunir à notre Sahara en jouant, sur le lac Tchâd, un peu le rôle du troisième larron de la fable.

A l'heure qu'il est, la chose est même peut-être bien près d'être faite :

Exploration Crampel. — Un Français, M. Paul Crampel, déjà connu par l'exploration du pays des Mfangs ou Pahouins, qu'il a faite en 1888-89, s'est proposé de tenter, par le Sud, la traversée du Sahara que nul n'a pu effectuer encore en prenant l'Algérie pour point de départ.

Ses projets, qu'il a bien voulu me communiquer en décembre 1889, étaient les suivants :

Se rendre au Congo; aller, par terre, de Loango au Stanley-Pool; remonter le Congo et son affluent de droite, l'Oubanghi, jusqu'au coude que décrit cette rivière; installer des agents français en station entre le 4ᵉ degré de latitude nord et les premiers affluents du Chari qui, lui-même, est tributaire du lac Tchâd; descendre un de ces affluents jusque par, environ, 13° ou 14° long. E et 11° ou 12° lat. N. Se rendre de là à Kouka et traiter, au nom de la France, avec le Sultan du Bornou, ou, dans le cas où les Anglais auraient pris l'avance, passer par le Baghirmi et le Kanem.

Cette partie du programme serait en bonne voie de succès, car, si les dernières nouvelles données de l'expédition sont exactes, Crampel, parti du Congo au printemps dernier, serait arrivé au lac Tchâd avant nos rivaux, après avoir traversé une région où jamais Européen n'avait encore pénétré (1).

La seconde partie présentera peut-être plus de difficultés : le jeune explorateur se proposait d'aller du lac Tchâd à Agadès, puis, en se mettant sous la protection des Touareg de l'Ouest, de gagner l'Ahnet et enfin El-Goléa, en traversant ou en évitant In-Salah, suivant les circonstances.

Pour l'exécution de cette dernière partie de son programme, Crampel a eu l'idée d'utiliser des Touareg, Taïtoq et Kel Ahnet, qui étaient internés à Alger depuis la fin de 1887, et l'un d'eux lui a été donné comme guide.

Beaucoup d'entre vous, Messieurs, connaissent l'aventure de ces prisonniers Touareg : pour ceux qui l'ignorent, je la résumerai en quelques mots :

La tribu noble des Taïtoq et la tribu serve des Kel Ahnet font partie d'une confédération dite de l'Ahnet, du nom d'une montagne située sur son territoire, confédération placée sous l'autorité de l'Amr'ar Sidi ag Guerradji et, aujourd'hui, politiquement séparée du Hoggar.

En août 1887, un r'azzou d'une quarantaine d'individus de ces tribus vint enlever, aux Châanbâa d'El-Goléa, des chameaux qui pâturaient à une certaine distance de l'oasis.

Devancés sur leur ligne de retraite, au Hassi In Ifel, les Touareg battus durent abandonner leur butin, laissant entre nos mains huit prisonniers, savoir : un certain Abd es Sellam ould El-Hadj R'adi, fils d'un Châanbi dissident qui avait quitté El-Goléa alors que

---

(1) Pendant l'impression, ces nouvelles, d'un optimisme exagéré, ont été démenties par d'autres qui tendraient à faire croire à l'insuccès complet de la mission. Ce qui est certain, c'est que l'arrière-garde de Crampel a rétrogradé sur l'Oubanghi, après avoir atteint le Baghirmi, et cela sur le bruit *non vérifié* du massacre du jeune explorateur. — Jusqu'à plus ample informé, je ne crois pas à la mort de Crampel.

son fils avait un an à peine, pour aller vivre tantôt à In-Salah, tantôt dans l'Ahnet ; quatre nobles, parmi lesquels Kenan ag Tissi, neveu et héritier du chef de la Confédération de l'Ahnet ; deux serfs dont l'un, Chikkadh ag R'ali, a été emmené par M. Crampel ; et un Nègre, Bou Setta, qui fut donné d'abord comme esclave aux Abid des Ouled Sidi Cheikh.

A l'exception de Bou Setta, tous ces prisonniers furent envoyés à Alger, à la fin de 1887, internés au fort Bab-Azoun, traités avec douceur et sur un pied d'égalité complète. Après quelques mois passés dans les campements des Ouled Sidi Cheikh, Bou Setta fut remis par ceux-ci à l'Autorité Militaire et réuni, au fort Bab Azoun, aux autres prisonniers.

Dans le but de nouer des relations avec Guerradji, on lui renvoya deux prisonniers : un noble et un serf, en lui faisant dire qu'on lui rendrait les autres à la condition qu'il viendrait les chercher ; il hésita, cependant il remercia des bons procédés dont nous usions vis-à-vis des siens, affirma que les routes de son pays nous étaient ouvertes, etc.

Plusieurs lettres avaient été échangées sans résultat, lorsque Crampel vint à Alger et demanda à emmener un Targui. C'était une excellente occasion de reprendre la correspondance avec Guerradji et, en même temps, de lui donner à entendre que la tête de son neveu pouvait, à un moment donné, répondre de celle de notre compatriote. Chikkadh fut donc désigné pour suivre Crampel, et on écrivit en substance à Guerradji : « *Tu n'oses pas* » *venir, nous sommes plus confiants que toi ; nous t'en-* » *voyons un des nôtres, il arrivera par Agadès,* » *Chikkadh l'accompagne. Va au-devant d'eux et* » *ramène sains et saufs à El-Goléa Crampel et ses* » *compagnons. En échange de tes bons offices, nous te* » *rendrons tes enfants.* »

Cette lettre est, je crois, restée sans réponse ; elle

s'était, du reste, croisée avec une lettre de Guerradji qui nous disait que, décidément, et malgré son désir de vivre en bonne intelligence avec nous, sa religion lui défendait de venir à nous.

Cette fin de non-recevoir était, évidemment, dictée par la zaouïa senoussienne d'In-Salah qui se souciait peu de voir des relations s'établir, par-dessus sa tête, entre les Touareg et nous.

Crampel était parti lorsque, pour des raisons d'économie, le Gouvernement Général jugea convenable de placer les cinq prisonniers qui restaient, comme internés surveillés, sur différents points du territoire algérien. Étant donné leur isolement réciproque, cette mesure pouvait n'avoir que de faibles inconvénients, mais deux fautes furent commises :

La première fut, sous prétexte qu'il était Châanbi, de traiter Abd es Sellam autrement que ses compagnons de captivité, ce qui n'avait pas été fait depuis deux ans. Quand on se rappelle qu'il avait à peine un an au moment où son père s'est mis en dissidence, on ne peut se défendre de penser que, s'il était Châanbi d'origine, il ne l'était guère par l'éducation. Quoi qu'il en soit, il fut enfermé dans un pénitencier indigène de la province d'Oran, d'où, naturellement, il chercha à s'échapper. — Il y réussit.

La seconde, beaucoup plus grave, fut de donner, sur des sollicitations plus sentimentales que raisonnées, un compagnon à Kenan. Kenan avait été interné chez l'ancien Agha d'Orléansville; ne parlant pas l'arabe et ne connaissant pas le pays, il ne pouvait songer à fuir. On lui envoya Bou Setta qui parlait l'arabe et le tamahaq; qui, ayant vécu pendant quelques mois chez les Ouled-Sidi-Cheikh, avait pu se créer quelques relations; qui avait été amené à Alger après avoir traversé toute la province d'Oran, et on sait avec quelle facilité les gens du pays Targui gardent le souvenir des contrées qu'ils parcourent. Ce ne fut pas long : un beau soir Kenan et

Bou Setta enfourchèrent les deux plus belles juments de leur hôte et...... on n'a plus revu ni bêtes, ni gens.

Cette fuite de Kenan peut avoir de fâcheuses conséquences pour la fin de l'exploration Crampel. Non qu'il faille s'exagérer l'importance de l'individualité de Kenan, mais il ne faudrait pas non plus la rapetisser outre mesure : Kenan a été, en même temps que Chikkadh du reste, conduit à l'exposition de Paris en 1889, et là, l'appellation d' « héritier présomptif de la couronne, » que nous lui donnions un peu plaisamment à Alger, a fini par être presque prise au sérieux, grâce peut-être à des articles de journaux où l'imagination tenait plus de place que la réalité des faits. D'autre part, à In-Salah, on cherche à insinuer que ce n'est qu'un vulgaire coupeur de routes — ce qui est vrai pour tous les Touareg — et que son oncle est enchanté d'en être débarrassé. Je crois que, comme cela arrive souvent, la vérité est entre ces deux extrêmes : Kenan n'est pas un prince royal, à coup sûr, mais il est le neveu du chef de la confédération de l'Ahnet et, d'après l'ordre successoral établi chez les Touareg, il est appelé à le remplacer, s'il est accepté par le peuple. Il se peut qu'il soit en mauvais termes avec son oncle, comme celui-ci, dans sa jeunesse, l'a été avec son prédécesseur et pour le même motif, mais il n'en est pas moins son neveu et, ne fût-ce que par « nif, » par amour-propre, Guerradji ne pouvait se désintéresser de son sort, tant qu'il était entre nos mains.

Aujourd'hui que Kenan a regagné sa tente, il est à craindre que Guerradji ne considère « *comme morts,* » ainsi qu'il l'a écrit en octobre 1887, les deux seuls prisonniers qui nous restent, et qu'au lieu du concours sur lequel il avait compté, Crampel ne trouve qu'abstention ou même hostilité de sa part.

Que Crampel puisse revenir par l'Ahnet et El-Goléa, ou qu'il soit obligé de modifier son itinéraire de retour, les résultats qu'il aura obtenus sur le lac Tchâd n'en resteront pas moins acquis et, de même que nous faisons un pas en avant, à l'Ouest, pour nous rapprocher du Soudan Français, de même nous devrons songer à avancer, à l'Est, dans la direction de nos nouvelles acquisitions faites ou à faire, et, comme il n'est guère admissible que nous avancions par les ailes sans mettre le centre en mouvement, c'est, pour me servir d'une expression militaire, une marche en bataille en avant qui s'impose à travers le Sahara.

ÉTUDE DU SAHARA. — Sans entrer dans une étude complète de la géographie du Sahara, étude qui nécessiterait, non pas une simple conférence, mais un cours en plusieurs leçons, j'en dirai quelques mots qui suffiront, je l'espère, à donner une idée de son aspect général.

Il y a peu d'années encore qu'aux yeux du public le Sahara était une immense mer de sable, un désert peuplé de lions, une région mystérieuse et considérée presque comme impénétrable. Les explorations de hardis voyageurs, les renseignements de nos officiers ont fait justice de ces erreurs.

Le Sahara n'est pas une mer de sable, bien que des dunes immenses en recouvrent des parties, qui sont évaluées au dixième environ de sa superficie; le Sahara n'est pas un désert, puisque 500,000 hommes y vivent; le Sahara n'est pas peuplé de lions, parce que le lion vit dans les forêts et que le « lion du désert » n'a jamais existé que dans l'imagination de Tartarin de Tarascon ou dans les boniments des montreurs de ménageries; le Sahara, enfin, malgré quelques lacunes dans la connaissance que nous en avons, n'est plus une contrée mystérieuse, parce qu'il a été pénétré par des explorateurs dont les récits, complétés par les renseignements des caravanes qui le parcourent en tous sens, ont déchiré le voile qui l'enveloppait.

Le Sahara est une région très accidentée : à côté des dunes, sont les *hamada (ou tassili)*, plateaux pierreux, les soulèvements volcaniques comme le Tassili des Azgueur, le Hoggar, l'Ahnet, etc., qui sont de véritables montagnes. De toutes ces hauteurs descendent des ravins qui se réunissent dans des vallées secondaires tributaires elles-mêmes de vallées plus importantes, ravins et vallées où la végétation, chassée par l'aridité des hamada, semble avoir cherché un refuge.

J'ai dit *vallées* et non *cours d'eau*, et, en cela, je n'ai fait que restituer au mot *Oued*, que nous traduisons par *rivière*, sa signification strictement littérale. L'eau courante, en effet, manque dans le Sahara où les rivières sont souterraines : il faut aller la chercher, tantôt à de grandes profondeurs, tantôt à quelques décimètres seulement au-dessous de la surface du sol. Quelques petits lacs, quelques étangs, quelques réservoirs naturels qui conservent, pendant un temps plus ou moins long, l'eau des pluies très rares en ce pays, telles sont, avec les puits des différents systèmes, les seules ressources du voyageur.

Quand la sonde artésienne aura pu fouiller le sol, nul doute que ces ressources ne soient augmentées dans de notables proportions ; il paraît même certain que les dunes recouvrent d'immenses réservoirs d'eau : la végétation qu'elles renferment suffirait à l'indiquer, mais l'examen de la carte est encore plus probant. Pour ne prendre que deux exemples, suivons le cours de l'Oued Seggueur et celui de l'Oued Nâmous.

L'Oued Seggueur s'arrête brusquement au point où l'Erg se dresse devant lui et on le retrouve, au delà, prodiguant à l'oasis d'El-Goléa son eau qui, parfois, déborde de certains puits.

L'Oued Nâmous s'arrête, de même, là où commencent les sables de l'Erg et, si on suit la direction de son cours, on reste convaincu que ses eaux alimentent le bas-fond du Gourara où elles se rencontrent, très probablement, avec celles du cours inférieur de l'Oued Seggueur.

On pourrait multiplier ces exemples : beaucoup de rivières se perdent ainsi dans les dunes, les unes pour ne plus reparaître, les autres pour suivre leur cours après les avoir traversées; il est donc certain qu'il y a là des ressources en eau qui n'attendent que des travaux intelligemment conduits, pour être mises au jour.

Mais nous n'en sommes pas là : les populations sahariennes n'ont pas encore acquis les connaissances indispensables pour pouvoir tirer parti de richesses — richesses relatives, bien entendu, — dont elles ne soupçonnent peut-être même pas l'existence. Obligées, dans leurs pérégrinations, de s'assurer l'eau sans laquelle elles ne pourraient vivre, elles ont, naturellement, fait passer leurs itinéraires par les points qu'elles en savaient pourvus et en suivant les lignes sur lesquelles ces points étaient le moins éloignés les uns des autres, s'efforçant, sans y réussir toujours, de se créer des ressources intermédiaires. Tout naturellement aussi, ces lignes d'eau sont devenues les routes des caravanes, routes, est-il besoin de le dire? dont aucun ingénieur n'a déterminé le tracé et dont les pieds des chameaux ont seuls damé le sol.

ROUTES DES CARAVANES. — Ces routes des caravanes sont les seules voies de communication qu'on puisse suivre actuellement; s'en écarter, c'est se jeter dans l'inconnu, c'est s'exposer à mourir de soif. Il est donc important de les connaître : d'abord pour pouvoir les suivre au besoin, puis parce que, de leur étude, nous arriverons à déduire ce que nous aurons à faire pour nous en assurer la possession. Maîtres des routes, en effet, nous dominerons aisément le pays dont le commerce d'échange, sa seule source de revenus, ne pourra plus se faire sans notre assentiment.

Pour plus de clarté, je diviserai les routes du Sahara en quatre groupes :

1° *Routes occidentales,* partant du Maroc pour aboutir au Sénégal et au bassin supérieur du Niger ;

2° *Routes centrales,* partant du Maroc et de l'Algérie, pour se rendre à Tin-Bouktou, au Haoussa, au Bornou ;

3° *Routes orientales,* allant de Tripoli et de la côte de Lybie, au lac Tchâd et au Ouadaï ;

4° *Routes transversales.*

Routes occidentales. — Les routes occidentales sont au nombre de deux seulement ; elles partent, l'une et l'autre, de l'Oued Drâa, au sud du Maroc.

La première se dirige sur Saint-Louis du Sénégal ; je ne la cite que pour mémoire.

La seconde est celle qu'a parcourue, en 1880, le docteur Lentz : elle part également de l'Oued Drâa, en deux branches qui se réunissent à l'Oued Sous, pour aller aboutir à Tin-Bouktou. Sa forme générale est à peu près celle d'un Y.

La branche la plus occidentale, celle qu'a suivie le docteur Lentz, passe par Tendouf, ville fort commerçante, comprenant environ 150 maisons, entourée de jardins de palmiers, et habitée par des gens de la tribu des Tajakant, alliée des Touareg de l'Ahnet ; elle touche au Bir el Abbès et se réunit, sur l'Oued Sous, à la branche orientale de l'Y, qui est partie de El-Harib, sur l'Oued Drâa, et qu'a parcourue jadis notre compatriote René Caillié.

Les deux branches réunies se dirigent sur Taoudenni, en décrivant une courbe à l'est, à travers les sables de l'Erg ech Chach, qui n'est que la continuation de celui d'Iguidi. Taoudenni, d'après les renseignements qui m'ont été donnés par les Touareg internés à Alger, serait un grand ksar pourvu d'une enceinte et dont la population, d'environ 4,000 habitants, se composerait de gens du pays, Kel Taoudenni, des Arib et des Tajakant, tribus alliées des Touareg de l'Ahnet. Il n'y a ni palmiers, ni jardins, mais de nombreux puits à poulie vont chercher, entre 25 et 35 mètres de profondeur, une eau très abondante et de bonne qualité. Le ksar sert d'entrepôt aux trois tribus que je viens de nommer ; il s'y tient un marché important. Il y a, à Taoudenni, une mine de sel gemme, ce qui en fait un point important, car le sel est une denrée fort rare dans ces régions. De Taoudenni, la route se dirige sur Arouan, ville ouverte, ou plutôt agglomération d'environ 150 maisons disséminées dans les dunes : le pays passe pour très malsain et à peu près improductif, au point que les habitants, les Kel Arouan, alliés des Touareg de l'Ahnet, tirent de Tin-Bouktou presque toutes leurs ressources alimentaires. Il en résulte un grand mouvement commercial qui fait d'Arouan un point important. D'Arouan part une route qui se dirige, au Nord-Est, sur Mabrouk d'où elle détache des ramifications vers le Tidikelt, le Touat, le Tafilalet, l'Ahnet, etc. C'est à Arouan qu'a été assassiné le Major anglais Laing. Le docteur Lentz a mis 45 jours pour franchir la distance qui sépare l'Oued Drâa de cette ville qui est encore à 200 kilomètres environ de Tin-Bouktou. Il n'a jamais voyagé plus de quatre jours sans trouver d'eau.

TIN-BOUKTOU. — Voici, sur Tin-Bouktou, quelques renseignements que j'emprunte à l'ouvrage du Général Philebert « *La Conquête pacifique de l'Intérieur Africain*, » publié en 1889 :

« *Tin Bouktou est à environ 15 kilomètres de la rive*
» *gauche du Niger. Altitude 245 mètres. — Climat mal-*
» *sain pour les Européens, fièvres, aucune verdure,*
» *pluies abondantes. La ville forme un triangle dont le*
» *sommet est tourné vers le Nord. Population instruite,*
» *relativement civilisée, composée des éléments les plus*
» *divers : Arabes, Marocains, Nègres du Soudan,*

» Touareg, gens de Bornou, de Sokoto, Arabes du
» Sahara occidental, de l'Algérie, de Tunisie, de
» Tripoli, etc. Neuf cent cinquante maisons et quelques
» centaines de paillottes de nègres. Vingt mille habi-
» tants. Elle est divisée en sept quartiers et a sept
» mosquées. Tin Bouktou est un grand marché, un
» point de réunion où les négociants échangent les pro-
» duits du Nord contre ceux du Sud. Elle n'appartient
» à aucune puissance. Les Touareg et les Foullanes se
» disputent constamment le droit d'y prélever des
» impôts, sans prétendre au gouvernement de la ville.

» Ce n'est pas un lieu de production et de fabrication,
» mais un entrepôt. On y trouve des objets fabriqués en
» cuir de mouton et de chèvre très bien tanné, qui pro-
» viennent des villes du royaume de Macina, des
» chapeaux de paille, des poteries targuies, des pan-
» toufles de cuir, des fusils marocains.

» La ville faisait autrefois un grand commerce de l'or
» qui lui vient de Bambouck et du Bouré. Mais il a
» beaucoup diminué.

» Un article important est formé par les grandes
» chemises bleues garnies de broderies de soie très
» originales, les épaisses couvertures teintes en bleu
» pâle, les pantalons d'étoffes bleues à lisières brodées.
» Tous ces articles viennent en grande partie de San-
» sandig et des autres villes du Niger. La fabrique
» anglaise tend à remplacer ces produits. Ces chemises
» sont très répandues dans tout le Soudan occidental,
» et même dans le Sud de l'Atlas. Le commerce du sel
» est très important à Tin Bouktou, ainsi que celui de
» la noix de Kola. Elle vient des côtes de Sierra-Leone
» et du Nord du pays des Achantis. Elle remplace pour
» les indigènes le thé et le café.

» On ne cultive à Tin Bouktou et dans ses environs
» aucun produit du jardinage ou des champs. Tout vient
» du dehors. Parmi les produits alimentaires sont : le
» froment, le sorgho, le riz et le maïs cultivés au Soudan,

» *les dattes des oasis Sahariennes, le beurre végétal,*
» *les épices, le poivre, le piment, les oignons, le poisson*
» *du Niger, les pigeons, les poules, la viande de mouton*
» *et de chèvre.*

» *Parmi les marchandises importées d'Europe, les*
» *plus importantes sont : les draps et les cotonnades,*
» *le thé vert, le sucre, les bougies, le tabac, ainsi que*
» *les verroteries et les pierres précieuses.*

» *A Tin Bouktou, la sécurité manque presque toujours,*
» *à cause des luttes incessantes entre Touareg et Foul-*
» *lanès. De plus, l'intolérance religieuse des Foullanes*
» *est redoutable au plus haut point pour les étrangers et*
» *surtout pour les Chrétiens.*

» *Les environs de Tin Bouktou, surtout vers l'Est,*
» *sont très peuplés. Les Berabich y ont une grande*
» *partie de leurs troupeaux, de leurs douars, et les*
» *Touareg s'étendent non loin, vers l'Est et le Nord-*
» *Est* ».

Des deux routes occidentales, en résumé, l'une, comme je l'ai dit déjà, n'a aucun intérêt au point de vue spécial où nous sommes placés, puisque ses débouchés sont sur le Sénégal et ses dépendances. La seconde présente comme points importants, sans parler, bien entendu, de ceux de départ et d'arrivée : Taoudenni, Arouan, et, au Nord-Est de cette dernière ville, Mabrouk.

2° ROUTES CENTRALES. — Ces routes partent du Maroc, d'El Goléa, d'Ouargla et du Souf.

Celles qui viennent du Maroc convergent sur la vallée de l'Oued Nsaoura où elles se confondent en une seule, qui traverse le Touat et va se réunir, à Akabli, à la route qui, partie d'El Goléa, a abouti à ce même point, après avoir passé par In Salah.

D'Akabli à Tirechchoumin, où on ne trouve qu'un

puits donnant une eau très abondante mais saumâtre, toutes ces routes n'en font plus qu'une.

A Tirechchoumin, elle se bifurque :

La branche occidentale se dirige, droit au Sud, sur Ouallen, point très important en ce qu'il s'y trouve une Guelta où, en tout temps, les caravanes sont assurées de trouver, en abondance, de l'eau excellente ; aussi toutes y passent-elles. Ouallen est situé à la tête de la vallée de l'Oued Sedjendjanet, on y voit les ruines d'un ksar abandonné depuis un temps immémorial. En quittant la Guelta, la route se dirige sur le petit lac dit Adjelmam Amessedel, près d'In-Ihahou (ou In Ziz), puis, suivant une direction Sud-Ouest, traverse l'Oued Tirehart, s'engage dans le Tanezrouft, passe à Am Rennan où elle coupe la route, peu fréquentée, qui conduit de l'Adrar Ahnet à Taoudenni, et où quelques puits, peu profonds, donnent une petite quantité d'eau de qualité médiocre ; elle se dirige ensuite sur Mabrouk qu'une route transversale, je le rappelle en passant, réunit à Arouan. De Mabrouk on peut, ou prendre cette route transversale, ou se rendre directement à Tin-Bouktou.

La branche orientale traverse la région de l'Adrar Ahnet, passe au pied et à l'Ouest de la montagne de ce nom et se dirige sur Timissaou où elle rencontre les caravanes venant de R'ât et de R'adamès par Idelès. Il y a, à Timissaou, un puits qui donne, en abondance, une eau de très bonne qualité ; ce point est situé au pied d'un contrefort du Tassili Tan Adar. De Timissaou, la route se dirige sur l'Adr'ar' des Ouelimmiden, s'engage, à In-Ouzel, dans une gorge d'accès facile, et, arrivée à Ifernan, se bifurque.

L'une des branches se dirige, à l'Ouest, sur Mabrouk où elle rejoint la route de Tin-Bouktou.

L'autre, continuant à suivre une direction sud-ouest, passe au Ksar Irachar d'où, probablement, une route, passant par Aferadj-ouan-Illi et suivant la vallée de l'Oued Tir'lit, doit aboutir à Bamba, sur le Niger (cette route n'est pas connue). Du Ksar Irachar, où on commence à trouver des eaux courantes, la route se dirige sur la forêt d'An ou Mellel qu'elle traverse, va aboutir à Bouroum, au coude du Niger, et, par un embranchement dont le point de départ est, probablement à An ou Mellel même, à Gogo, sur le même fleuve, au dessous du coude. (A partir d'An ou Mellel ces routes ne sont pas connues.)

Une autre route, partant d'El-Goléa, permet de se rendre de ce Ksar à Tin-Bouktou, sans passer par le Tidikelt; cette route est celle qu'a suivie le r'azzou dont faisaient partie les Touareg dont nous parlions tout à l'heure. Sa direction générale est Nord-Sud pendant les 850 premiers kilomètres de son parcours, c'est-à-dire jusqu'à Ouahaïen, point de concentration qu'avaient choisi les pillards. Elle passe par Mechgarden, le Hassi In-Ifel, le Hassi In-Sokki, descend du Tadmayt par la vallée de l'Oued Irès-Mallen, traverse tout le Mouydir et arrive à Ouahaïen. Elle y rencontre une route directe allant d'In-Salah dans l'Aïr, par le bord occidental du plateau du Mouydir, et une autre route qui, venant de R'adamès, est passée par la Sebkha d'Amadr'or, Idelès et a traversé le Hoggar. De Ouahaïen, les caravanes, inclinant au Sud-Ouest, se dirigent sur Silet, oasis de palmiers appartenant aux Touareg de l'Ahnet, puis sur Timissaou où elles suivent la route déjà décrite. A Silet, elles ont coupé la route qui conduit de l'Adrar Ahnet à Agadès.

Cette dernière route est la suite de celle qui, partie d'Akabli, s'est bifurquée à Tirechchoumin, comme nous l'avons vu déjà, et a longé le pied occidental de l'Adrar Ahnet. Elle contourne, à grande distance, cette montagne au Sud, passe à Silet, puis, longeant les derniers contreforts du Djebel Hoggar, qu'elle laisse au Nord, elle se dirige, au Sud-Est, sur la gorge de l'Oued R'sour, gorge étroite, impraticable, par laquelle cette rivière s'est frayé un passage à travers un plateau que M. Duveyrier considère comme un fragment du Tassili du Sud. La route directe d'In-Salah à l'Aïr, que nous avons déjà coupée à Ouahaïen, aboutit également à l'entrée de cette gorge et se confond, à partir de ce point, avec celle qui vient de l'Ahnet. La route unique gravit le Tassili, puis en descend les pentes, et les caravanes viennent camper à l'autre extrémité de la gorge qu'elles ont dû tourner par le Nord. Reprenant ensuite la direction primitive, elles arrivent aux puits d'In-Azaoua et d'Assiou qui, situés sous la même latitude, ne sont séparés, l'un de l'autre, que par une faible journée de marche.

D'In-Azaoua part, dans la direction du Sud et à travers les sinuosités d'une Chebka, la route que les Touareg de l'Ahnet suivent pour se rendre à Agadès en évitant l'Aïr. Cette route ne nous est connue, et seulement par renseignements, que jusqu'à la vallée de Talak, habitée par deux tribus, les Ikerramouïen et les Issokenaten, imrad des Taïtoq et des Tédjéhé n ou Sidi, de l'Ahnet. Cette vallée, très riche en eau et en bois, est à quatre journées de marche au nord-ouest d'Agadès.

Une route venant du Hoggar aboutit également au puits d'In-Azaoua ; elle n'est pas connue, mais sa direction permet de croire qu'elle a son origine à Idelès.

Le puits d'Assiou est sur la route d'Ouargla à l'Aïr, route que suivait la deuxième mission Flatters lorsqu'elle a été massacrée ; il a été visité par le Docteur Barth.

Les routes qui partent d'Ouargla sont :

Celle d'In-Salah, qui suit la vallée de l'Oued Mya, en laissant El-Goléa à l'Est, et rejoint, au Hassi In-Ifel, la route partie de ce Ksar ;

Celle qui conduit à R'ât et que la première mission Flatters a suivie jusqu'au lac Menkhoug. Cette route remonte la vallée de l'Oued Igharghar ; ses points remarquables sont : Aïn-Taïba, El-Beïodh et Timassinin où nos compatriotes ont trouvé bon accueil dans une petite zaouïa qui relève des Tidjanya de Temacin ;

Celle qui mène dans l'Aïr et, de là, au Damergou, au

Haoussa, au Bornou. C'est celle de la deuxième mission Flatters dont les étapes principales furent : Hassi bou Khenissa, Hassi Djemel, Sebakh Terfaïa, Hassi ben Abd-el-Kader, Sedjra Touïla, Hassi In-Ifel, Erg Megraoun, Hassi In-Sokki, Hassi Aoulouggui, Hassi Mesegguem, Hassi Oued el Hadjadj, Oglat el Hamyan, Châbet el Arrouï, Oued Iraouen, Amguid, Aguellachen, Inziman Tikhsin, la Sebkha d'Amadr'or, Temassint et, enfin, Bir R'rama où, le 16 février 1881, elle fut surprise et massacrée dans des circonstances trop connues pour qu'il soit nécessaire de les rappeler ici. Le puits d'Assiou est à environ 200 kilomètres sud-est de Bir R'rama ; s'il avait pu y arriver, le Colonel Flatters était hors d'affaire ; il s'en est donc fallu de bien peu que le succès ne vînt couronner son entreprise.

A partir d'Assiou, nous avons l'itinéraire du Docteur Barth : vallée de Fenorang, Tanezrouft, vallées de Djenninaou, d'Erhassar, d'Imessen, de Tedek, de Selloufiet.

Les points les plus importants de ces routes sont :

El-Beïodh, où la route qui relie R'adamès à In-Salah coupe celle qu'a suivie la première mission Flatters ;

Amguid, où la route de R'ât à In-Salah coupe celle de la deuxième mission et où passe, également, la route de R'adamès à Idelès ;

La Sebkha d'Amadr'or, où se trouve du sel en abondance et où se tenait jadis un marché important ;

Assiou et In-Azaoua, enfin, qui commandent toutes les communications du Nord avec l'Aïr et Agadès.

M. le Général Philebert, que j'ai eu déjà l'occasion de citer et qui est une autorité en matière saharienne, préconise hautement l'occupation du point d'Amguid dont il fait ressortir, dans les termes suivants, toute l'importance :

« .... *Amguid, si favorable au point de vue d'une*
» *installation et des cultures, est aussi favorablement*
» *placé au point de vue des routes du pays :*

8

» 1° *La route d'In-Salah à R'ât et R'adamès passe à*
» *Amguid ou près d'Amguid par le col dit Kheneg el*
» *Hadid. C'est une des grandes voies commerciales du*
» *Sahara ;*

» 2° *D'Amguid, en remontant l'Oued Gharis et en*
» *descendant l'Oued Tirehart dont les sources sont en*
» *face l'une de l'autre, on va à Timissaou et on rejoint,*
» *par conséquent, les routes du Maroc à Tin-Bouktou*
» *et celles de Tin-Bouktou au Sud Marocain tout*
» *entier;*

» 3° *En suivant l'Igharghar, on arrive à Idelès ;*

» 4° *En tournant à l'Est le Hoggar, on passe par*
» *Asben (l'Aïr) et Agadès, c'est la route du royaume*
» *de Haoussa par Sinder, la ville la plus commerçante*
» *du Niger et de la Bénoué, le point le plus important*
» *du Soudan ;*

» 5° *D'Amguid à R'ât, capitale du Tassili et des*
» *Touareg Azgueur, et au Fezzan ;*

» 6° *Par Temassinin à R'adamès, au Fezzan et à*
» *Tripoli.*

» *On le voit, dans tout le Sahara Algérien, il n'est*
» *pas de point d'une pareille importance, on dirait*
» *qu'il a été placé là pour nous tenter.*

» *Amguid est à environ 700 kilomètres d'El-Goléa,*
» *c'est-à-dire à 25 étapes ; la route ne présente pas de*
» *difficultés, elle est jalonnée de distance en distance*
» *par des puits suffisamment abondants pour faciliter*
» *le voyage.*

» . . . .

» *D'Ouargla on peut aussi y arriver par Aïn-Taïba,*
» *El-Beiodh, Timassinin, etc...* »

Assiou n'est pas moins important : ce point, en effet, ne commande pas seulement toutes les communications de l'Algérie et du Maroc avec Agadès et l'Aïr ; la seule route qui parte de R'ât dans cette direction y passe également.

Cette route fait suite à celle qu'a suivie la première mission Flatters et dont nous avons vu le tracé, depuis Ouargla jusqu'au lac Menkhoug ; à partir de ce point, elle franchit environ 60 kilomètres pour atteindre R'ât, petite ville avec maisons en pierres et oasis de palmiers. De R'ât, le Docteur Barth, qui a suivi cette route, a mis 19 jours pour arriver à Assiou, en passant par : Barakat, Issaïen, Erhassar n Akarou, les crêtes du Tassili des Azgueur, la vallée d'Edjeri, l'oasis de Djanet, la vallée d'Edjender, le Hassi Faleslès, la vallée de Ngakeli, la ville de Tadent, les vallées d'Arokam et d'Elaouen et le Hassi Issala.

La seule route qui parte du Souf est celle qu'a suivie M. Duveyrier : elle a son origine à El-Oued, et, passant par Beresof, elle se dirige au Sud-Est, au milieu des dunes du Grand Erg d'où elle ne sort que peu avant d'arriver à R'adamès. De cette ville, elle se dirige au Sud, passe au Hassi Timelloulen, au Tilmas (réservoir) de l'Oued Ohanet et s'engage dans la masse de sables à laquelle on a donné, par pléonasme, le nom de Dunes d'Edeyen (Dunes des dunes). Elle en sort pour traverser la hamada d'Eguelé, passe à In-Tafersin, Tadjemout, Oursel, fait un crochet à l'Est jusqu'à Tamiouân, puis, décrivant plusieurs lacets dans une direction générale Sud-Est, elle passe successivement par la vallée de l'Oued Tarat, In-Tafaraout, Tarz Oulli, et arrive à R'ât où elle se relie avec les routes que je viens de décrire succinctement.

3º ROUTES ORIENTALES. — Ces routes partent de la Tripolitaine et passent par le Fezzan, dont la capitale est Mourzouk.

Deux routes conduisent de Tripoli à cette ville :

La première, peu fréquentée, à cause du manque d'eau, passe par Gharian et Misda ; elle comprend 21 étapes.

La seconde, celle de l'Est, est un peu plus longue (30 étapes), mais elle est bien pourvue d'eau ; elle est suivie par les courriers du Gouvernement Ottoman, ce qui lui procure une certaine dose de sécurité dont profitent les caravanes. Elle part de Tripoli, passe au Sud des monts Tarkonna, suit les vallées de l'Oued Akrabidja, de l'Oued Maâder, des Beni Oulid, passe à Bou Nedcheim, à Sokna (3,000 habitants), à Bir Godefa, dans la vallée d'Oum el Abid, à Semnou, oasis de 1,500 habitants, à Temenhit (800 habitants), à Cebha, oasis de 1,600 habitants répartis entre plusieurs villages, à Hadjara, à Rhodna et, enfin, arrive à Mourzouk.

MOURZOUK. — Mourzouk est une ville forte avec citadelle et remparts, sa population est de 3,600 habitants, le Gouvernement Ottoman y entretient une garnison. Il s'y tient un marché quotidien assez bien pourvu d'articles européens, mais la ville est fort délabrée, comme, du reste, toutes celles du Fezzan, qui n'ont pas gardé traces de la grandeur et de la prospérité de l'ancien empire des Garamantes. Jadis les caravanes de Tin Bouktou, du Bornou, du Haoussa venaient au Fezzan ; aujourd'hui ce mouvement est à peu près nul. La population du Fezzan est d'environ 30,000 habitants ; elle est pacifique et très hospitalière.

De Mourzouk, part une route qui se rend à Kouka, capitale du Bornou. Cette route passe par les points suivants : Bachi, Tedehenni, Monts Tummo-Madema, oasis de Yat (ou Saheya — longue de vingt kilomètres, large de trois), Zigguedim, oasis de Kaouar, (longue de quatre-vingts kilomètres, large de dix — 6,000 habitants répartis dans de nombreux villages) (1), oasis (il serait peut-être plus exact de dire « *district* » de Bilma (2), où

---

(1) Les plus importants de ces villages sont : Anaï, Anikoma, Eldchi, Dirki (résidence du souverain, 1,300 habitants, citadelle), Achimmedron (1,200 habitants, citadelle, nombreuses fontaines), Aïn Madema, Aguer.

(2) L'oasis — ou le district — de Bilma commence, au Nord, à Garon.

les caravanes du Bornou et du Haoussa viennent s'approvisionner de sel; les salines sont inépuisables, aussi le pays est-il prospère. La route passe ensuite par l'oasis de Zaou-Korra, traverse celle de Dibbela, puis la montagne du même nom, l'oasis d'Agadem, celles de Bedouaram, passe près de la fontaine de Koufé et atteint Nguigmi, ville de 2,000 habitants, la plus septentrionale du Bornou. Là, des hauteurs de sable bordent le lac Tchâd, la végétation est celle des régions intertropicales. A partir de Kindjalia, la route longe le lac et arrive successivement à Barroua, ville de 2,000 habitants que l'acte du 5 août 1890 nous attribue, aux petits villages de Yoo, de Ngalaro, de Daouergo et, enfin, à Kouka, capitale du Bornou, qui n'est qu'à un kilomètre de Daouergo.

La population du Bornou est très hospitalière et très douce; elle est évaluée à cinq ou six millions d'âmes, dont 50 ou 60,000, soit le centième, habite la capitale. Le Sultan entretient une armée d'environ 7,000 hommes.

Il y a, à Kouka, un marché très important et surtout fréquenté par des colporteurs qui vont, de village en village, revendre les produits qu'ils y ont achetés.

Le Bornou est un pays plat, très bien cultivé et très fertile; les bords du lac Tchâd, souvent inondés, sont malsains.

4° ROUTES TRANSVERSALES. — Il reste peu de choses à dire des routes transversales, puisque nous les avons déjà notées au fur et à mesure de leur rencontre avec celles que nous suivions. Je me bornerai donc à les citer, en m'y arrêtant le moins possible; ce sont :

La route qui, partant d'Alexandrie, en Égypte, se rend à Tripoli en passant par Djer'boub, capitale des Senoussya; cette route rencontre, à Sokna, celle que nous venons d'étudier; de ce point, on se rend à Mourzouk qu'une route directe relie à R'ât; de R'ât, cette route se dirige, ainsi que nous l'avons vu, par Amguid, sur In-Salah;

La route de Tripoli à R'adamès, qui se prolonge également jusqu'à In-Salah, en passant par El-Beïodh ;

Une bifurcation de cette même route qui, partant d'El-Beïodh, se dirige sur Amguid, Idelès, Silet, Timissaou, etc.;

Enfin, on peut considérer comme une route transversale celle d'In-Salah à Idelès. M. le Général Philebert en a donné, en novembre 1887, dans la *Gazette géographique*, un croquis et une description, par renseignements, que M. le Commandant Deporter a donnés à son tour, en 1890, et qu'il résume ainsi :

1er jour.	In Salah (Ksar el Arab).		
2e —	Hassi el Meloui............	29	kilom.
3e —	Hassi el Gouïra............	32	—
4e —	Châbet el Guefla...........	28	—
5e —	Oued Zirer.................	40	—
6e —	Hassi el Kheneg............	15	—
7e —	Imeden.....................	34	—
8e —	Hassi ag Mammar...........	26	—
9e —	Oued Gourdi...............	26	—
10e —	Oued In Tillet..............	25	—
11e —	Aïn Tadjemout.............	25	—
12e —	Hassi Metlag Tegoulgoulet.	32	—
13e —	Oued Tin Tcheli............	27	—
14e —	Ras Oued Amecir...........	30	—
15e —	Oued Gadil.................	45	—
16e —	Oued Tikezal...............	30	—
17e —	Tit Ouan Tesnou...........	18	—
18e —	Oued Kita..................	24	—
19e —	Aman Tala Ouhat...........	26	—
20e —	Oued Taharak..............	26	—
21e —	Oued Amaradjeli...........	34	—
22e —	Arrem In Amedjel..........	18	—
23e —	Gour Tin Sita..............	40	—
24e —	Idelès.....................	36	—
	TOTAL........	666	—

L'arrem (village) d'Idelès n'est important que par sa situation ; comme village c'est assez misérable : quelques maisons construites en toub, d'assez nombreux gourbis habités par des Harratin Touatiens et des Nègres qui cultivent, pour le compte des Touareg, le blé, l'orge, le sorgho et quelques légumes. Les jardins renferment quelques arbres fruitiers ; la vigne y réussit. On compte à Idelès une cinquantaine de palmiers.

Le commerce du Sud. — Peut-on espérer l'attirer vers nos possessions de l'Afrique du Nord ? — Les routes que nous venons d'étudier étant connues, « *quels sont* », dit le programme de cette conférence, « *les moyens les plus propres à détourner, de nouveau, les caravanes vers nos possessions de l'Afrique du Nord?* »

J'avoue, Messieurs, que ces mots « *de nouveau* » m'ont causé quelque étonnement. En Algérie depuis 1864, et ne l'ayant jamais perdue de vue pendant les courtes interruptions de ce long séjour, je n'y ai jamais vu affluer les produits du Soudan.

Mais peut-être nos devanciers avaient-ils été plus heureux ? Pas davantage, car voici ce que le Colonel Pein, que j'ai déjà cité, écrivait en 1871, en évoquant des souvenirs qui remontaient à seize ans en arrière, soit à 1855 :

« *Avant notre installation dans les postes du Sud de*
» *l'Algérie, nous commettions, sur le commerce qui s'y*
» *faisait, ou plutôt ne s'y faisait pas, avec le Soudan,*
» *les mêmes erreurs que sur les ressources, inconvé-*
» *nients et désagréments de ces contrées ; nous fumes*
» *bientôt dégrisés, désenchantés, détrompés, rendus à la*
» *réalité comme l'ivrogne qui a cuvé son vin, et nous*
» *ne conservâmes plus l'espoir d'attirer le commerce*
» *du Sud sur les marchés où il n'a jamais figuré. Ceci*
» *n'empêcha pas le Commandement de prescrire aux Bu-*
» *reaux Arabes des recherches sur ce qu'était autrefois*

» *le commerce du Sud et les causes qui l'ont fait fuir;*
» *j'ignore ce qu'ils répondirent, ces pauvres Bureaux*
» *qu'on étourdit, qu'on accable de questions saugre-*
» *nues, mais je suis seulement sûr qu'ils ont fait des*
» *rapports, beaucoup de rapports, de longs rapports,*
» *véridiques ou non; mais la question n'est pas là,*
» *l'exactitude n'est pas de rigueur, on n'exige pas*
» *l'impossible, l'autorité n'est pas ridicule à ce point-là;*
» *elle veut un rapport, il lui en faut un, quel qu'il soit,*
» *cela lui suffit, c'est toujours assez juste pour ce*
» *qu'elle veut en faire. Dites donc que l'Algérie ne*
» *rapporte rien : c'est la terre du rapport.*

» *Quoi qu'il en soit, je crois qu'en haute sphère, le com-*
» *merce du Sud est toujours le dada de certaines gens ;*
» *ils rêvent toujours un peu la poudre d'or, les dents*
» *d'éléphant, les riches pelleteries, les pierres brillantes,*
» *les plumes d'autruche comme s'il en pleuvait, la*
» *gomme, les teintures, que sais-je ? Aussi on pensa*
» *d'abord aux Touareg. On les savait plutôt adonnés*
» *au vol qu'au commerce ; mais l'un n'empêche pas*
» *l'autre, et puis, tout cela se ressemble tant parfois !*
» *Quand il parut des Touareg dans la Province de*
» *Constantine, on les assomma de questions dans les*
» *Cercles, dans les Subdivisions, à la Division; toutes*
» *roulaient sur le commerce du Sud. Comme ils n'ont*
» *pas l'air causeur et ne semblaient pas bien saisir,*
» *l'interrogatoire leur parut peut-être inconvenant ;*
» *cependant, ils proposèrent d'amener des Nègres,*
» *beaucoup de Nègres, une quantité de Nègres ; on leur*
» *parlait poudre d'or, dents d'éléphant, etc.; ils*
» *répondaient Nègres, Nègres, toujours Nègres. Il est*
» *clair que, pour eux, le vrai commerce, le bon com-*
» *merce, c'était celui des Nègres ; mais quand ils virent*
» *que décidément nous n'entendions pas de cette oreille-*
» *là, et que le Nègre ne nous allait pas, quand ils virent*
» *qu'il n'y avait pas moyen de nous infiltrer du Nègre,*
» *ils promirent autre chose et partirent. Ah ! pour le*

» coup, on ne se sentit pas d'aise, on se dit que les
» Touareg ne pouvaient être des farceurs, ils étaient
» trop vilains pour cela ; on compta sur eux comme
» sur le Messie, on se frotta les mains ; le temps que
» les chers Touareg mettraient pour aller et venir fut
» calculé et trouvé long. Enfin, il arriva une lettre,
» une bienheureuse lettre, un amour de lettre, tous les
» secrets du Soudan y étaient renfermés ; on l'ouvrit,
» elle contenait quatre lignes ; on trouva que les
» secrets du Soudan ne tenaient pas grande place. Les
» Touareg étaient en route avec quelques chameaux
» seulement ; mais les chameaux des Touareg sont
» grands, forts et portent beaucoup ; ce sont des cha-
» meaux comme on en voit peu, des chameaux comme
» on n'en voit pas. De ce moment, il y eut recrudescence
» d'espoir, chacun se promettait de se payer une dent
» d'éléphant et autre chose, et cela à bon compte ; les
» rêves d'or revinrent, le sommeil fut retroublé, les
» sectateurs du commerce du Sud ne s'abordaient plus
» sans se demander de ses nouvelles : Où en était-il de
» son voyage ? Il devait approcher. S'il était tombé
» malade en route, on l'aurait su. Il est bien portant et
» sera bientôt signalé.

» Enfin, voilà qu'un beau jour le commerce du Sud
» débouche par une pluie torrentielle, par un temps à
» ne pas mettre un chien à la porte, escorté du cheikh
» Othman et de sept à huit Touareg tout trempés, tout
» couverts de boue et à l'air piteux, ce qui venait de ce
» qu'il ne pleut jamais chez eux et de ce qu'ils commen-
» çaient à trouver qu'il pleuvait un peu trop chez nous.
» Le commerce du Sud était réparti sur quatre ou
» cinq chameaux, sous les dehors du purgatif le plus
» vigoureux des temps modernes ; les Touareg le pré-
» sentaient sous la forme du séné ; mais il faisait aussi
» piteuse mine qu'eux, parce qu'il était tout dégouttant
» de pluie comme eux. Il ne manquait donc plus que
» la rhubarbe.

» *La stupéfaction fut générale, les aspirants au com-*
» *merce du Sud firent une affreuse grimace à l'aspect*
» *du séné, exactement comme s'ils en avaient avalé. On*
» *se hâta de payer aux Touareg ce qu'ils demandèrent,*
» *pour qu'il n'en fut plus question ; coûte que coûte, on*
» *était heureux de se débarrasser de cette grotesque*
» *affaire. Les Touareg insistaient pour en apporter*
» *encore à ce taux, mais on les remercia, en les priant*
» *de ne plus parler de cette affaire-là, vu qu'il nous*
» *vient du Levant, de l'Égypte et même de l'Italie, du*
» *séné meilleur et de 80 % meilleur marché que le leur.*
  » *Chaque fois que j'ai causé avec les Touareg, ils*
» *sont toujours revenus sur les Nègres ; ils prétendent*
» *qu'avec notre législation sur la traite, nous les avons*
» *ruinés. Ce n'est pas le moyen de les attirer chez nous,*
» *ces braves Touareg ; mais ils exagéraient la chose.*
» *Nous avons nui quelque peu à leurs intérêts, c'est*
» *possible, mais non pas autant qu'ils le disaient...*
» *Jamais le nombre des esclaves n'a été considérable en*
» *Algérie ; on n'y a jamais acheté les Nègres par mil-*
» *liers..., les gens haut placés et les riches avaient*
» *seuls quelques domestiques Nègres ; on les achetait*
» *isolément, et ils n'abondaient pas sur les marchés.* »

Le Colonel Pein qui, dès 1849, était, comme Capitaine, nommé Commandant Supérieur du Cercle de Bou-Saâda, avait, déjà à cette époque, fait un long séjour en Afrique, et, comme il est peu probable que, dans les premières années de la conquête, les caravanes du Sud aient songé à se mettre en relations avec nous, on peut en conclure que le problème à résoudre consiste, non pas à rétablir un courant qui s'est détourné, mais bien à le créer.

Actuellement, les quelques produits du Soudan qui arrivent jusqu'à nous ne dépassent guère la ligne jalonnée par les oasis de Biskra, Laghouat et Géryville et ils sont peu nombreux, ce qui s'explique aisément. Le Sahara n'est pas assez productif pour fournir à l'exportation autre chose que des quantités négligeables ; il fournit bien au Soudan les grains, les dattes qui lui manquent, mais c'est pour en recevoir, par voie d'échange, les productions qui lui manquent à lui-même, et ce sont les Touareg qui sont les intermédiaires obligés de ces transactions entre les deux régions. Les Touareg, eux-mêmes, vivent de ces transactions, ils ne produisent pas, n'ayant ni cultures ni industrie ; il en résulte, soit dit en passant, que nous les aurons à notre merci quand nous occuperons les marchés du Touat, du Gourara et du Tidikelt où ils viennent se ravitailler. Mais les bénéfices qu'on peut retirer de ces échanges d'objets nécessaires à l'existence sont assez restreints et, comme le dit plaisamment mais justement le Colonel Pein, « *le vrai commerce, le bon commerce, c'est celui des Nègres.* »

Aussi longtemps que les marchands d'esclaves, ou les « *transitaires* », le mot est ici plus exact, trouveront à écouler leur marchandise humaine au Maroc d'une part, en Tripolitaine de l'autre, aucune caravane de quelque importance ne prendra le chemin des possessions françaises, et il n'y a que deux moyens de les amener à le prendre : tolérer la traite sur notre territoire, ou la rendre impossible chez nos voisins de l'Est et de l'Ouest.

Le premier est inadmissible.

Le second peut être mis en pratique, à l'Ouest, dès que nous aurons pris possession du Touat, du Gourara et du Tidikelt et, plus tard, d'un point sur la route de Tin-Bouktou à l'Oued Drâa, Taoudenni par exemple.

A l'Est, du côté de la Tripolitaine et du Fezzan, le même résultat peut être atteint, mais la situation demande à être examinée avec quelques détails.

Il est certain que, si nous étions maîtres de R'adamès, de R'ât et de Mourzouk, la question serait résolue, mais la convention du 5 août 1890 a laissé dans l'indécision la délimitation de notre zône d'influence de ce côté, et, d'ailleurs, ces trois villes sont occupées par des garnisons turques. Néanmoins, en ce qui concerne R'ât, nous pourrions faire valoir certains titres qui datent du 26 novembre 1862 et qui semblent un peu oubliés aujourd'hui.

Traité de R'adamès (26 novembre 1862). — Le 24 septembre 1862, une mission composée de :

MM. Mircher, Chef d'Escadron d'État-Major, aide de camp de M. le Général de Division de Martimprey, Sous-Gouverneur de l'Algérie ;
de Polignac, Capitaine d'État-Major, attaché au Bureau Politique des Affaires Arabes ;
Vatonne, Ingénieur des Mines ;
Hoffmann, Médecin Aide-Major au 3e Régiment de Chasseurs d'Afrique ;
Ismaël Bou Derba, Interprète militaire,

s'embarquait à Alger pour Tripoli où elle arrivait le 28.

Reçue officiellement par le Muchir Mahmoud Pacha, Gouverneur Général, qui la munit des lettres et des moyens de transport qui lui étaient nécessaires, elle partit de cette ville le 4 octobre et fit, le 21, son entrée solennelle « *presque triomphale* », dit le Commandant Mircher, à R'adamès où elle séjourna jusqu'au 28 novembre inclus, après quoi elle rentra en Algérie par le Souf et Biskra.

Son but était de nouer, par un traité, des relations commerciales avec les Touareg Azgueur; ce but fut promptement atteint et le traité fut signé le 26 novembre ; en voici les termes exacts :

CONVENTION COMMERCIALE

« *Le Maréchal de France, duc de Malakoff, Gouver-*
» *neur Général de l'Algérie, au nom de l'Empereur,*
» *désirant répondre aux dispositions qu'ont montrées*
» *plusieurs chefs de la nation Targuie à entrer en rela-*
» *tions amicales et de bon voisinage avec l'Algérie, et*

» *à se faire les intermédiaires des entreprises commer-*
» *ciales que la France voudrait ouvrir, à travers leur*
» *pays, vers les régions Soudaniennes ; et, par réci-*
» *procité, désirant faciliter aux Touareg l'accès des*
» *marchés de l'Algérie, a jugé qu'il importait d'arrêter*
» *les bases d'une convention commerciale entre le Gou-*
» *vernement de l'Algérie et l'Assemblée des Chefs des*
» *différentes fractions de la nation Targuie ;*

» *En conséquence, Son Excellence a invité, par let-*
» *tres personnelles, ces Chefs à se réunir à R'adamès,*
» *vers le 10 octobre de la présente année, pour déter-*
» *miner avec ses mandataires, les bases de cette con-*
» *vention, et Elle a désigné pour les discuter en son nom :*

» *Le Chef d'Escadron d'État-Major Mircher, aide*
» *de camp du Général de Division Sous-Gouverneur*
» *de l'Algérie, Officier de l'Ordre Impérial de la Légion*
» *d'Honneur, etc., etc. ;*

» *Et le Capitaine d'État-Major de Polignac, attaché au*
» *Bureau Politique des Affaires Arabes, Chevalier de*
» *l'Ordre Impérial de la Légion d'Honneur, etc., etc. ;*

» *Qui devront être rendus à R'adamès à l'époque indi-*
» *quée, et auxquels Son Excellence confère les pouvoirs*
» *nécessaires pour conclure les dispositions qui sont*
» *l'objet des articles ci-après, et pour recevoir, en outre,*
» *les propositions que les Chefs de la nation Targuie*
» *jugeraient, dans l'intérêt commun des deux parties*
» *contractantes, devoir être l'objet d'articles addition-*
» *nels.*

ARTICLE PREMIER

» *Il y aura amitié et échange mutuel de bons offices*
» *entre les autorités françaises et indigènes de l'Algérie,*
» *ou leurs représentants, et les Chefs des différentes*
» *fractions de la nation Targuie.*

ART. 2.

» *Les Touareg pourront venir commercer librement*
» *des différentes denrées et produits du Soudan et de*

» leur pays, sur tous les marchés de l'Algérie, sans
» autre condition que d'acquitter, sur ces marchés, les
» droits de vente que paient les produits semblables du
» territoire français.

ART. 3.

» Les Touareg s'engagent à faciliter et à protéger, à
» travers leur pays et jusqu'au Soudan, le passage,
» tant à l'aller qu'au retour, des négociants français ou
» indigènes algériens et de leurs marchandises, sous la
» seule charge, par ces négociants, d'acquitter, entre
» les mains des Chefs politiques, les droits dits coutu-
» miers, ceux de location de chameaux et autres,
» conformément au tarif ci-annexé, lequel recevra, de
» part et d'autre, toute la publicité nécessaire pour
» prévenir les contestations.

ART. 4.

» Le Gouverneur Général de l'Algérie s'en remet à
» la loyauté, à la bonne foi, et à l'expérience des Chefs
» Touareg, pour la détermination des routes commer-
» ciales les plus avantageuses à ouvrir au commerce
» français vers le Soudan ; et, comme témoignage de
» son bon vouloir envers la nation Targuie, il fera
» volontiers, lorsque ces routes seront bien fixées, les
» frais de leur amélioration matérielle au profit de
» tous, soit par des travaux d'art, soit par l'établisse-
» ment de nouveaux puits, ou la remise en bonnes
» conditions de ceux qui existaient antérieurement.

» Après acceptation de la présente convention par
» l'Assemblée des Chefs Touareg et signature des
» contractants, pour garantie solennelle de son exécu-
» tion dans le présent et dans l'avenir, une expédition,
» en français et en arabe, restera entre les mains de
» chacune des parties.

» Alger, le 22 septembre 1862.

» *Le Gouverneur Général,*
» *Signé* : Maréchal Pélissier, duc de Malakoff. »

« *Le présent traité a été solennellement accepté, au
» nom de toutes les tribus Azgueur et du Cheikh Ikhe-
» noukhen, par les Cheikhs Ameur El-Hadj et Othman
» ben El-Hadj Bechir, délégués à cet effet, et qui, en
» notre présence, ont apposé leur signature au bas du
» texte arabe, en garantie de cette acceptation.*

» R'adamès, le vingt-six novembre mil huit cent soixante-deux.

» *Signé* : H. Mircher,   *Signé* : L. de Polignac,
» *Chef d'Escadron d'État-Major.*   *Capitaine d'État-Major.* »

ARTICLES ADDITIONNELS

« *M. le Chef d'Escadron d'État-Major Mircher, aide
» de camp de M. le Général de Division de Martimprey
» Sous-Gouverneur de l'Algérie, Officier de l'Ordre
» Impérial de la Légion d'Honneur, etc., etc.;*

» *M. le Capitaine d'État-Major de Polignac, attaché au
» Bureau Politique des Affaires Arabes, Chevalier de
» l'Ordre Impérial de la Légion d'Honneur, etc., etc.,*

» *Chargés des pouvoirs de Son Excellence M. le
» Gouverneur Général,*

» *Après avoir présenté, à l'acceptation des chefs des
» Touareg Azgueur, la convention commerciale à inter-
» venir entre le Gouvernement Général de l'Algérie et
» ces chefs, pour l'ouverture de relations commerciales
» entre l'Algérie et le Soudan, et après signature de
» cette convention, par les Cheikhs Si Othman et Si
» Ameur El-Hadj, au nom de toutes les tribus Azgueur,*

» *Ont rédigé d'un commun accord, avec ces manda-
» taires, pour les soumettre à la sanction de Son Excel-
» lence M. le Maréchal Gouverneur Général, les articles
» additionnels ci-après, qu'acceptent, à l'avance, les
» tribus Azgueur.*

ARTICLE PREMIER

» *Conformément aux anciennes traditions, qui règlent
» les relations commerciales entre les États du Nord de
» l'Afrique et les différentes fractions des Touareg, la*

» *famille du Cheikh El-Hadj Ikhenoukhen restera*
» *chargée du soin d'assurer aux caravanes de l'Algérie,*
» *une entière sécurité à travers tout le pays des Azgueur.*

» *Toutefois, les usages particuliers de garantie*
» *commerciale, existant actuellement entre d'autres*
» *familles des Azgueur et différentes fractions des*
» *Châanbâa et du Souf, restent maintenus.*

ART. 2.

» *En raison de ces garanties de sécurité, il sera payé,*
» *par les caravanes françaises ou algériennes allant au*
» *Soudan, au Cheikh Ikhenoukhen, ou à ses manda-*
» *taires, ou enfin aux héritiers de son pouvoir politique,*
» *un droit qui sera réglé ultérieurement entre Son*
» *Excellence M. le Maréchal Gouverneur Général et le*
» *Cheikh.*

ART. 3.

» *Les contestations qui pourraient surgir entre les*
» *négociants et les convoyeurs Touareg seront réglées*
» *à l'amiable et avec équité, par le Cheikh ou par son*
» *représentant, d'après les traditions en vigueur dans*
» *le pays.*

ART. 4.

» *Le Cheikh El-Hadj Ikhenoukhen et les autres Chefs*
» *politiques du pays des Azgueur, s'engagent à mettre*
» *à profit, dès leur retour à R'ât, leurs bonnes relations*
» *avec les chefs de la tribu des Kel Oui, pour préparer,*
» *aux négociants Français et Algériens, le meilleur*
» *accueil de la part de cette tribu, afin que les caravanes*
» *traversent également, en toute sécurité, le pays d'Aïr.*

» R'adamès, le mercredi, vingt-six novembre mil huit cent soixante-deux.

» *Signé :* H. MIRCHER,   *Signé :* L. DE POLIGNAC,
» *Chef d'Escadron d'État-Major.*   *Capitaine d'État-Major.* »

Le Cheikh El-Hadj Ikhenoukhen, mort depuis, était à

cette époque, l'Amenoukal, c'est-à-dire le Sultan des Azgueur ; Ameur El-Hadj, l'un des signataires du traité, était son frère ; quant au Cheikh Othman, il était le chef religieux le plus important du pays, en sa qualité de moqaddem de la zaouïa tidjanya de Temassinin ; c'est lui qui avait été le protecteur de M. Duveyrier pendant sa belle exploration et il fut, je crois, le premier Targui qu'on vit à Paris.

Ikhenoukhen et Cheikh Othman étaient deux hommes fort intelligents et acquis à notre cause.

Les villes de R'adamès, où le traité a été signé, et de R'ât, dont le nom y est prononcé, sont séparées par le massif de dunes dit *Edeyen*, massif qui est compris dans la zône d'influence que nous reconnaît, de ce côté, l'acte du 5 août 1890.

R'ADAMÈS. — R'adamès est une ville de 6 à 7,000 habitants ; elle comporte environ 13 ou 1,400 maisons séparées, par une muraille intérieure, en deux quartiers : celui des Beni Ouazit, à l'Est, avec quatre rues ; celui des Beni Oulid, à l'Ouest, avec trois rues seulement.

La ville est entourée d'une enceinte en partie ruinée ; elle renferme d'assez nombreuses mosquées ; chaque quartier possède sa kasba, dernier vestige de luttes intestines dont il ne reste plus aujourd'hui que le souvenir.

Au Sud-Est, s'étend une oasis de palmiers, entourée de murailles qui forment une grande quantité de saillants et de rentrants et qui n'ont pas moins de 6 kilomètres de développement ; le diamètre de l'oasis varie entre 12 et 1,600 mètres ; on y cultive des céréales, des légumes et on y trouve quelques arbres fruitiers : grenadiers, orangers, citronniers, pêchers, abricotiers, figuiers, amandiers et vignes grimpantes.

La population se croit et se dit autochthone et fait remonter jusqu'au temps d'Abraham l'époque de la fondation de la ville. M. Duveyrier y a trouvé des inscriptions et des sculptures garamantiques.

Les R'adamésiens portent le voile, comme les Touareg avec lesquels ils sont en rapports constants, mais ils ne sont pas de la même race et ne parlent pas le même dialecte. Presque tous sont monogames et les femmes ont une réputation irréprochable. Il y a bien, en dehors de la ville, un campement analogue au fameux Drâa el-Guemel de Tuggurt, mais ses tentes hospitalières sont habitées par une population féminine étrangère au pays.

Outre les tribus des Beni Ouazit et des Beni Oulid, il existe, à R'adamès, une classe d'individus qu'on appelle les *Atria :* ce sont les descendants de Nègres affranchis ; ils sont assez nombreux et possèdent environ 200 maisons dans les divers quartiers de la ville, mais là s'arrêtent leurs droits de citoyens : ils constituent, en somme, une race considérée comme inférieure. Il a été constaté que plus les générations s'y multiplient, plus le sang noir tend à disparaître ; c'est une race qui « *blanchit en vieillissant* » : les Nègres « *n'ont pas con-* » *tinué.* »

Les R'adamésiens sont très doux et très pacifiques, ils sont aussi fort tolérants en matière religieuse, cependant on compte, parmi eux, des Khouan de Mouley Taïeb, des Kadrya, des Madanya, et ils n'ont pas échappé à la propagande Senoussienne.

Le climat de R'adamès est sain ; l'eau y est de bonne qualité et la ville, comme l'oasis, en est abondamment pourvue ; elle est fournie par une nappe artésienne dont l'exutoire principal est au centre d'un vaste bassin ; l'eau y atteint presque le niveau du sol et est conduite aux points à irriguer par de simples séguias.

R'ÂT. — R'ât est une ville berbère dont la fondation paraît remonter à quatre ou cinq siècles ; elle est peut-être bâtie sur l'emplacement de l'oppidum de Rapsa, mais il n'a pas encore été permis de vérifier le fait. Les gens de R'ât laissent peu les Étrangers s'approcher de leur ville ; ils ne les y laissent jamais entrer. M. Duveyrier, amené sous ses murs, a pu y séjourner pendant quinze jours, sous la protection, alors toute puissante, du Cheikh Othman, mais celui-ci ne lui laissa pas ignorer qu'il ne pouvait répondre de sa tête s'il lui prenait fantaisie de les franchir.

R'ât n'est pas plus Targuie que R'adamès, mais ses habitants, comme ceux de cette dernière ville, sont en rapports constants avec les Touareg. Elle compte environ 600 maisons et 4,000 habitants ; de plus, deux villages, distants de moins d'un kilomètre de son mur d'enceinte, lui constituent comme des faubourgs, ce sont Taderamt et Tounin.

La ville, de forme circulaire, est bâtie sur un mamelon et dominée par le Mecid (école) ; un minaret assez élevé indique l'emplacement de la mosquée. L'enceinte de R'ât est percée de six portes situées à l'extrémité d'un nombre égal de rues qui aboutissent à une place centrale nommée Eseli ; chaque secteur constitue un quartier.

L'eau est très abondante à R'ât ; l'oasis de palmiers est située au Sud de la ville ; elle est formée de groupes plus ou moins importants et épars sur une étendue qui va jusqu'à 3 kilomètres.

Les habitants de R'ât portent le voile et le costume des Touareg, mais ils parlent un dialecte particulier. Ils ont, du reste, les origines les plus variées : Arabes, Berbères, Nègres, etc., attirés d'abord par les exigences de leur commerce et qui ont fini par demeurer et faire souche près de l'important marché où se traitaient leurs affaires.

CAUSES QUI NOUS ONT EMPÊCHÉ DE TIRER PARTI DU TRAITÉ DE R'ADAMÈS. — Revenons au traité du 26 novembre 1862 :

Au moment où il fut conclu, R'adamès avait déjà une garnison turque, mais R'ât, qui en a également une aujourd'hui, était absolument libre de toute attache avec l'Empire Ottoman.

Que s'est-il donc passé et comment n'avons-nous pas tiré parti des avantages stipulés en notre faveur ? C'est ce que nous allons examiner.

Tout d'abord, en 1862, notre drapeau était engagé au Mexique et, sur les préoccupations que cette expédition devait nous causer pendant plusieurs années encore, vinrent se greffer les embarras que nous suscita, dès 1864, l'insurrection des Ouled-Sidi-Cheikh. La guerre de 1866 et la révolution qu'elle apporta dans l'organisation militaire de l'Europe, nos désastres de 1870, le changement de Gouvernement, l'insurrection de 1871 qui en fut la conséquence, la Commune de Paris, l'organisation nouvelle de nos forces militaires, puis les insurrections partielles d'El-Amri en 1876, de l'Aurès en 1879, celle beaucoup plus grave du Sud Oranais en 1881, les deux expéditions de Tunisie, enfin celles du Tonkin et de l'Annam, tous ces événements, dont l'énumération forme comme un résumé succinct de notre histoire pendant une période de près de trente ans, expliquent, s'ils n'excusent pas, cette sorte d'oubli que nous fait regretter, aujourd'hui, l'expansion que prennent, ou cherchent à prendre, en Afrique, toutes les puissances européennes.

TURCS ET TOUAREG A R'ÂT. — Pendant que nous étions occupés ailleurs, les événements marchaient à R'ât.

Dès avant 1861, date du séjour de M. Duveyrier sous les murs de cette ville, c'est lui qui le raconte, une première cause de mésintelligence avait surgi entre ses habitants et les Touareg.

« *R'ât, dit-il, a été fondé..... par les Ihadjenen,*
» *berbères nobles, frères consanguins des Touareg,*

» *avec l'aide d'autres fractions de Touareg de condition*
» *inférieure aux Ihadjenen. La cité qui forme, en*
» *principe, un petit état indépendant au milieu de la*
» *confédération targuie, se gouverne à l'aide d'une*
» *djemâa dont le chef, appelé Amr'ar, était héréditaire.*
» *Par suite d'une loi de succession antique qui attribue*
» *l'hérédité au chef de la mère, c'est la sœur et non*
» *l'épouse qui donne le droit à la succession. A la mort*
» *du dernier Amr'ar des Ihadjenen, ce pouvoir, consi-*
» *déré comme royal, est tombé entre les mains d'un*
» *nommé El-Hadj Ahmed ould Sadiq, fils d'une sœur*
» *de l'Amr'ar défunt mariée à un riche négociant du*
» *Touat, par conséquent d'un étranger qui, lui-même*
» *dépourvu des qualités nécessaires au gouvernement,*
» *l'a laissé prendre à son frère El-Hadj Amin.* »

Inde iræ. L'Amr'ar de R'ât n'est plus un noble Ihadjenen, c'est un étranger, c'est un marchand du Touat qui, pour lutter contre l'hostilité que ne lui ménagent ni les Ihadjenen, ni les Touareg, attire auprès de lui ses parents, étrangers comme lui. Puis, comme ce faible appoint ne suffit pas pour asseoir son autorité, El-Hadj Amin ne cache pas son désir d'obtenir, avec l'investiture, l'appui moral et au besoin matériel du Gouvernement Ottoman.

Ikhenoukhen, chef des Touareg, se tourna naturellement de notre côté et fit des ouvertures qui eurent pour conséquences l'envoi à R'adamès du Commandant Mircher et la signature du traité du 26 novembre 1862.

Comme le fait remarquer le Général Philebert, « *deux*
» *partis rivaux, l'un français, l'autre turc ou senoussien,*
» *se disputaient l'influence, tous deux nés spontané-*
» *ment, sans que les Gouvernements, turc ou français,*
» *aient pris aucune part à leur formation.* »

Mais, notre attention n'est plus de ce côté, Cheikh Othman meurt, El-Hadj Amin El-Ançari obtient l'investiture de la Porte, introduit les Turcs à R'ât, et, derrière eux, les Sénoussya y pénètrent, y construisent cinq mosquées et y installent un moqaddem.

Notre vieil allié, Ikhenoukhen (1), conserve encore cependant, grâce à son remarquable caractère, son influence sur les Azgueur et, en 1880, apprenant que le Colonel Flatters, parvenu jusqu'au lac Menkhoug, a rebroussé chemin, il lui écrit cette lettre qui, si elle avait pu parvenir au destinataire avant que sa retraite sur Ouargla ne fût encore trop dessinée, eût probablement déterminé le succès de la première mission, et qui, dans tous les cas, témoigne des bonnes dispositions de son auteur à notre égard :

« *Louange au Dieu unique.*
» *A Monsieur le Colonel des Français, salut.*
» *Vous êtes venu de votre pays, vous dirigeant de*
» *notre côté et vous êtes arrivé sur notre territoire.*
» *Nous avons reçu votre lettre, nous l'avons lue et nous*
» *avons compris ce qu'elle contenait au sujet de votre*
» *venue dans le pays. Nous vous avons envoyé une*
» *réponse par un mehari qui a vu que vous étiez reparti*
» *par le même chemin que vous aviez suivi pour arriver,*
» *et cela très vite. Vous avez écouté les paroles de vos*
» *compagnons et vous êtes reparti avant d'avoir reçu*
» *de mes nouvelles ; vous avez écouté les paroles des*
» *gens, et ceux qui sont allés à votre rencontre sont des*
» *gens jeunes et de peu de sagesse, c'est-à-dire que vous*
» *n'avez pas vu un seul envoyé de moi. Ceux qui sont*
» *venus vous trouver n'avaient rien à faire avec vous.*
» *Maintenant ne me blâmez pas ; vous n'avez pas pu*
» *attendre avec patience. Si notre réponse vous avait*
» *trouvé, vous seriez venu par un chemin tranquille*
» *jusqu'à ce que vous arriviez. Si vous aviez agi comme*
» *vous le disiez dans votre lettre, vous seriez arrivé,*

---

(1) Son nom complet était : El-Hadj Mohammed Ikhenoukhen ben Othman.

» *comme sont arrivés vos frères autrefois. Si vous revenez,*
» *prenez de bons compagnons, sages, qui connaissent*
» *les affaires de ce monde, les habitudes du pays et les*
» *paroles sages ; ne prenez pas pour compagnons des*
» *gens non intelligents comme ceux qui vous ont déjà*
» *trompé, et vous, vous êtes venu à leur aide en repartant*
» *très vite et sans nouvelles de moi. Salut. Si vous*
» *revenez et que vous arriviez, faites ce que vous a dit*
» *notre fils Abd-el-Hakem ben Hammou, que nous*
» *considérons comme nous-même et qui est venu ici. De*
» *mon côté, il ne vous arrivera rien, et n'ayez pas peur,*
» *dans tout mon pays vous serez en sûreté. Si vous ne*
» *voulez pas revenir, ceci est une affaire entre vous et*
» *votre gouvernement ; vous vous connaissez entre vous.*

» *Ne nous blâmez pas de ce papier mauvais et de notre*
» *peu d'éloquence ; nous sommes nomades du Sahara ;*
» *nous ne sommes pas à proximité des villes. Salut.* »

Ikhenoukhen meurt, au commencement de 1886, à l'âge de 106 ans ; son neveu et successeur, Yahia ben Kelli, est absent, il est dans les environs de Tin-Bouktou ; son cousin, fils de l'amenoukal défunt, Mohammed ould Ikhenoukhen, exerce le pouvoir par intérim.

Dans le courant de l'hiver 1885-86, un Cherif ou soi-disant tel, qui s'était fait expulser de Mourzouk, pour avoir tenu des propos hostiles aux Turcs, arriva à R'ât où il voulut recommencer ; le Chef de la ville, Es Safi, le fit bâtonner et confisqua ses bagages. Le Cherif, qui se nommait Si Bou Bekeur, s'échappa et vint demander protection aux Touareg. Ceux-ci sommèrent les Turcs de restituer les bagages du saint homme et, sur leur refus, pillèrent à deux reprises la caravane qui apportait, de Tripoli, la solde et les vivres de la garnison de R'ât, puis ils r'azzèrent deux autres caravanes qui se rendaient de Tripoli au Soudan. Le Pacha de Mourzouk envoya des goums pour rétablir l'ordre, on parlementa, mais les Azgueur refusèrent de restituer leurs prises. Ils consentirent cependant à envoyer dix des leurs à Mourzouk. Dès leur arrivée, ces dix hommes furent arrêtés et jetés en prison ; en même temps le Pacha faisait dire aux Touareg, par Es Safi, qu'il leur rendrait leurs frères quand eux-mêmes lui auraient livré le Chérif, puis il chercha à attirer à Mourzouk Mohammed Ould Ikhenoukhen lui-même, sous prétexte de traiter. Le piège était grossier, les Azgueur répondirent en r'azzant une nouvelle caravane de 80 chameaux venant du Soudan.

Sur ces entrefaites, Yahia ben Kelli, de retour du Soudan, prit, vers le mois de juin 1886, possession du pouvoir que son cousin lui remit sans contestation, et les hostilités contre les Turcs prirent aussitôt un caractère décisif.

Pour répondre aux mauvais procédés du Pacha de Mourzouk vis-à-vis de leurs envoyés, les Azgueur sommèrent Es Safi d'évacuer R'ât avec la garnison turque. Naturellement, Es Safi refusa, il y eut des pourparlers ; un beau jour le malheureux Gouverneur se laissa attirer hors de la ville.... et ne revint pas.

Enfin, au mois de décembre 1886, Yahia ben Kelli, qui bloquait R'ât depuis plusieurs mois, emporta la ville par surprise, la mit à sac, tua la moitié de la garnison turque, captura le reste, mais, à la fin du combat, il fut atteint d'une balle et mourut enseveli dans son triomphe.

. La mort de leur chef, comme cela arrive généralement, désorganisa les Azgueur ; est-ce à cette cause, est-ce au tempéramment pacifique de Bessa, un autre neveu d'Ikhenoukhen qui succéda au belliqueux Yahia ben Kelli, qu'il faut attribuer la prompte et facile revanche des Turcs ? Toujours est-il qu'au mois de mai 1887, une garnison ottomane était réinstallée à R'ât, par une colonne venue de Tripoli et qui n'avait rencontré aucune résistance. Une paix honorable, basée sur l'échange des prisonniers et l'oubli du passé fut signée ; Es Safi fut remplacé, comme Gouverneur de Rât, par un Targui nommé Mouley Ould Khaddadi, neveu dit-on d'Ikhenoukhen, comme le nouvel amr'ar des Azgueur.

NOTRE SITUATION VIS-A-VIS DE L'EMPIRE OTTOMAN DANS L'EST. — En résumé, R'ât et Radamès sont au pouvoir du Gouvernement Ottoman; il est certain qu'à notre point de vue, il serait préférable que ces deux villes fussent entre nos mains, mais, comme il est non moins certain qu'à Constantinople on ne partage pas cette manière de voir, nous avons devant nous un obstacle qu'il faut aplanir ou tourner.

L'aplanir n'est peut-être pas chose impossible : Si nous n'avons pas de visées sur la Tripolitaine, ce n'est un mystère pour personne que l'Italie n'attend qu'une occasion pour s'y créer, par annexion ou protectorat, ce qui au fond est à peu près la même chose, une situation analogue à celle que nous occupons dans le nord de l'Afrique. Or, je ne vois pas ce que nous aurions à gagner à ce voisinage : l'attitude des Italiens à notre égard n'a rien qui puisse motiver, de notre part, une sympathie exagérée et, à mon humble avis, la Tripolitaine, telle qu'elle est constituée aujourd'hui, est un excellent tampon entre nous et l'Égypte placée sous la tutelle de l'Angleterre.

Notre diplomatie a donc beau jeu pour amener le Sultan à comprendre qu'il peut trouver chez nous un appui contre les convoitises italiennes, dût-il, pour cela, nous faire quelques concessions dans le Sahara. J'imagine que ces concessions ne constitueraient pas, pour l'Empire Ottoman, un bien lourd sacrifice : la situation de la garnison turque à R'ât est tellement précaire, qu'on peut presque dire qu'elle est la prisonnière des habitants : ceux-ci le lui ont déjà prouvé. J'imagine aussi que le Sultan, quelle que soit son orthodoxie, nous verrait sans déplaisir agir de façon à ruiner le Senoussisme; c'est là une campagne dont Sa Hautesse ne peut prendre l'iniative, mais à laquelle Elle est autant et même plus intéressée que nous : Les Senoussya, nous l'avons vu, coûtent cher à la Tripolitaine qu'ils rançonnent, et au Gouvernement Turc qu'ils conspuent, tout en l'exploitant.

Il n'est pas certain, cependant, que nous arrivions à une entente. Devrons-nous, pour cela, considérer notre action sur les caravanes de l'Est comme compromise ? Nullement. Les marchés ont, certes, leur importance, mais si nous sommes maîtres des routes qui y conduisent, cette importance est à notre merci.

Nous ne pouvons espérer dominer le Sahara sans y créer des postes d'occupation ; ces postes ne devront pas être trop éloignés — relativement — les uns des autres ; il suffira de les choisir judicieusement, pour qu'il ne puisse circuler sur les routes que les gens et les marchandises qu'il nous conviendra d'y laisser passer.

Sans vouloir préciser les emplacements de ces postes du côté qui nous occupe, emplacements que l'expérience peut, seule, déterminer définitivement, on peut dire, d'une manière générale, qu'en se plaçant vers El-Biodh, Amguid, Amadr'or, Temassint, Assiou, on sera maître absolu de toutes les routes qui aboutissent à R'ât et à R'adamès, et qu'en s'emparant des oasis de Bilma, qui ne sont encore à personne, si ce n'est aux Touareg Kel Ouï, de l'Aïr, on tiendra, de même, la route qui va du Soudan à Mourzouk à travers le Fezzan.

Alors, mais alors seulement, c'est-à-dire quand nous serons maîtres de toutes les routes qui, à l'Est comme à l'Ouest, donnent accès dans des régions où notre action cesse, nous pourrons moraliser le trafic des caravanes et le diriger suivant nos vues en lui ouvrant, si c'est nécessaire, de nouveaux débouchés par la création, sur notre territoire, de marchés destinés à remplacer ceux que nous voudrons lui faire abandonner.

Le chemin de fer Trans-Saharien. — Mais, nous ne vivons pas impunément dans le siècle de la vapeur et de l'électricité : on ne se contente plus aujourd'hui d'arriver, on veut arriver vite et comme, pour arriver vite, on ne connaît encore rien de mieux que le chemin de fer, il était naturel que l'on s'en remît à la locomotive du soin de résoudre le problème saharien.

Lancée, il y a une douzaine d'années, par M. l'ingénieur Duponchel, l'idée d'un chemin de fer trans-saharien avait un caractère grandiose qui, dans un pays enthousiaste, mais hélas peu réfléchi, comme le nôtre, devait avoir et eut, en effet, le plus grand succès. Elle en eut tant que, bientôt, des projets nouveaux surgirent et qu'il s'en produit encore à l'heure actuelle. Des missions scientifiques furent envoyées dans le Sahara pour étudier le terrain ; la fin tragique de celle que commandait le lieutenant-colonel Flatters y coupa court ; il n'en est pas moins resté des travaux du plus haut intérêt et, la fièvre trans-saharienne n'aurait-elle d'autre résultat que ceux déjà obtenus au point de vue scientifique, qu'il faudrait encore remercier ceux dont les travaux lui ont donné naissance.

Malheureusement, il y a loin de la coupe aux lèvres et les promoteurs de l'idée ne sont pas encore d'accord sur le tracé à adopter.

Les uns veulent utiliser la voie ferrée qui relie Oran à Aïn-Sefra et la prolonger, à travers le Touat, jusqu'à Tin-Bouktou ;

D'autres font remarquer qu'il y aurait imprudence à créer une ligne de cette importance en l'exposant, par sa proximité de la frontière marocaine, à des insultes grosses de conséquences ; et ils préconisent le prolongement de la ligne de Philippeville à Biskra, par Tuggurt, Ouargla, Amguid et Amad'ror d'où partiraient deux embranchements : l'un se dirigeant sur Tin-Bouktou, l'autre sur le lac Tchâd ;

D'autres enfin voudraient que la ligne, partant d'Alger,

suivît à peu près le tracé de la piste qu'on décore pompeusement du nom de route nationale d'Alger à Laghouat et vînt se bifurquer à El-Goléa, l'une de ses branches se dirigeant sur Tin-Bouktou par In-Salah, l'autre rejoignant, à Amguid, le tracé précédent pour aboutir au lac Tchâd.

Je ne parle pas d'autres projets, parmi lesquels celui d'une ligne partant de la grande Syrte et aboutissant au lac Tchâd après avoir traversé la Tripolitaine, le Fezzan et le Kanem.

Les trois tracés qui ont leur origine en Algérie représentent en moyenne, sans bifurcation, une voie ferrée de 2,500 kilomètres, à peu près la distance de Paris à St-Pétersbourg : une bagatelle ! Le devis estimatif se totalise par le chiffre de 300 millions, ce qui met le prix du kilomètre à environ 125,000 francs.

Ces 300 millions, où les trouvera-t-on ? Si l'État ne prend pas la construction de la ligne à sa charge, ce que la situation de nos finances permet de supposer, il faudra avoir recours au public, à l'actionnaire. Mais l'actionnaire n'est plus l'enthousiaste de tout à l'heure ; il a applaudi à tout rompre le projet grandiose.... tant que cela ne lui coûtait rien. Le jour où on lui demande son argent, il veut savoir s'il fait un « *placement de bon père de famille* ».

Voyons donc si le chemin de fer Trans-Saharien peut satisfaire le désir, légitime d'ailleurs, de cet honnête homme.

Nous savons déjà que, abstraction faite des esclaves, le commerce d'échange entre le Soudan et les oasis du Sahara se réduit à peu de chose. Le Cheikh Othman, lors de son passage à Alger, a fourni à cet égard un renseignement d'autant plus édifiant que, dans sa pensée, c'était une réponse optimiste qu'il faisait à ceux qui le questionnaient sur l'importance du commerce du Sud. Montrant un gros brick ancré dans le port, il dit à ses interlocuteurs : « *Avec ce que nos chameaux trans-*

» *portent chaque année, on pourrait remplir deux*
» *bateaux comme celui-là* ».

Admettons que le brick pût charger mille tonnes de marchandises — ce serait un bien beau brick, mais soyons larges : les Azgueur transportent donc annuellement 2,000 tonnes ; admettons que, de leur côté, les Hoggar et les gens de l'Ahnet en transportent autant : cela nous donne un total de 6,000 tonnes ; admettons encore que les marchandises, chargées à Tin Bouktou et qui s'arrêtent en majeure partie dans la région d'In-Salah, arrivent toutes à Alger ; il faudra, pour que la ligne, évaluée à 300 millions, rapporte à ses actionnaires un intérêt de 5 0/0, soit 15 millions, que chaque tonne paie une somme de 2,500 francs, soit, puisque la ligne a 2,500 kilomètres, 1 franc par kilomètre. Mais il y a à ajouter l'amortissement, puis les frais d'exploitation, d'entretien de la ligne, puis enfin les mécomptes que nous réservent les difficultés d'un terrain très incomplètement connu : les dunes à franchir, les travaux de protection contre l'envahissement des sables, les ouvrages d'art imprévus, etc., etc., etc. toutes choses qui pourraient augmenter considérablement le total du devis estimatif.

Or, les frais d'exploitation seront d'autant plus considérables que, si un trafic de 6,000 tonnes peut être important pour des caravanes, c'est bien peu de chose pour un chemin de fer de 2,500 kilomètres ; qu'il faudra que chaque train soit muni d'un matériel spécial pour emporter l'eau (1) et le combustible qui lui seront nécessaires ; qu'outre le personnel ordinaire, chaque train devra avoir un service de sûreté ; qu'on ne pourra recruter ce double personnel qu'à la condition de le payer fort cher ; que les accidents de voie et de matériel

---

(1) Ou tout au moins pour la purger des sels magnésiens dont elle est généralement saturée dans le Sahara et qui auraient vite détérioré les tubulures.

ne pourront se réparer qu'à grands frais ; qu'enfin, ne pouvant compter sur des ressources locales, il faudra faire venir des approvisionnements dont le transport doublera le prix.

Nous sommes loin, on le voit, du tarif d'un franc par tonne et par kilomètre.

Pouvons-nous espérer que nos nouvelles possessions du Soudan utiliseront, pour l'écoulement de leurs produits, notre chemin de fer Trans-Saharien? C'est au moins douteux, car elles ont à leur portée d'autres voies plus pratiques et moins coûteuses ; ce sont les voies fluviales.

De Saï, sur le Niger dont tout le cours inférieur est au pouvoir des Anglais, les marchandises embarquées n'ont qu'à descendre le fleuve pour gagner le golfe de Guinée et c'est, il faut le craindre, la voie qu'elles prendront le plus souvent, parce qu'elle est la plus simple, la moins coûteuse, et qu'elle ne nécessite qu'un transbordement, aux rapides de Boussang.

De ce même point, nous cherchons à les attirer dans une direction opposée. Les bateaux peuvent remonter : d'une part, le Niger jusqu'à Bammako, de l'autre, le Sénégal jusqu'à Kayes. La distance entre ces deux points est de 350 kilomètres. Il s'agit de les réunir par un chemin de fer dont un tronçon de 150 kilomètres, allant de Kayes à Bafoulabé, est déjà construit et même exploité militairement. Après l'achèvement des travaux, cette voie, qui sera plus courte que celle du Bas-Niger, aura, malgré l'inconvénient d'un double transbordement, des chances de réussite.

Les marchandises du Soudan prendront l'une ou l'autre, mais il est peu probable qu'elles prennent jamais la direction du Nord. Les produits qui arrivent aujourd'hui dans les oasis sahariennes continueront à y venir, mais si les transactions augmentent, ce ne sera jamais, je crois, dans des proportions bien importantes.

Si nous regardons du côté du lac Tchâd, nous sommes

amenés à des conclusions à peu près semblables. De l'extrémité méridionale du lac à Yola, sur la Bénoué affluent du Niger, la distance est à peu près la même qu'entre Bammako et Kayes.

Les Anglais projettent d'y établir un chemin de fer qui y jouerait le même rôle que notre ligne entre Niger et Sénégal. L'exploration Crampel, qui ne tend à rien moins qu'à faire du lac Tchâd un lac français, pourra, si elle réussit, modifier la situation de ce côté, au point de vue national, je doute qu'elle la modifie au point de vue du Trans-Saharien : il sera toujours plus court de relier, soit par voie ferrée, soit par routes ordinaires, le lac Tchâd au Niger qu'à l'Algérie.

Le Trans-Saharien ne peut être qu'une voie stratégique; son tracé ne peut être déterminé que par une connaissance exacte des pays que nous avons à occuper, du parti qu'on peut en tirer à tous les points de vue; il doit donc suivre et non précéder l'occupation. Tel qu'on l'a compris jusqu'ici, c'est une utopie qui peut être séduisante, mais ce n'est qu'une utopie.

Un jour viendra, certainement, où nous aurons, non pas un chemin de fer trans-saharien, mais un réseau saharien reliant entre eux les points que l'expérience nous aura amenés à choisir; mais ce réseau ne pourra se faire que par tronçons successifs, au fur et à mesure que leur utilité sera démontrée par les faits.

C'est ainsi, du reste, que s'est fait le Trans-Caspien Russe. Là, on n'allait pas, comme irait notre Trans-Saharien, dans l'inconnu. Il y avait quatre ans que l'armée avait pacifié le pays que la voie devait traverser, quand on posa les premiers rails, et on avança avec d'autant plus de rapidité qu'on marchait, à coup sûr, vers un but bien déterminé. Le Trans-Caspien n'avait pas à redouter, une fois arrivé à ce but, d'y trouver, comme nous sur le Niger, des voies d'exploitation rivales, et puis son parcours, qui est de 1,300 kilomètres, est de moitié moindre que celui du Trans-Saharien.

Nous pouvons, dès maintenant, pousser jusqu'à Ouargla la ligne de Philippeville-Biskra ; celle d'Oran à Aïn-Sefra pourra être prolongée dans le Sud dès que nous serons maîtres du Touat; enfin, quand on songe que la ligne qui doit traverser la Province d'Alger du Nord au Sud n'est encore praticable que jusqu'à Blida, soit sur un parcours de 51 kilomètres, pas un de plus (1); que, comme je le disais il y a un instant, la route dite nationale d'Alger à Laghouat, poussée jusqu'à Bougzoul en 1869, n'est encore, à part quelques courts tronçons, qu'une simple piste au delà; on ne peut se défendre de penser que nous avons mieux à faire, quant à présent, que le Trans-Saharien.

Pendant que notre réseau algérien se complètera, l'armée française, comme l'a fait l'armée russe, pourra reconnaître et pacifier les territoires sahariens sur lesquels il est appelé à rayonner plus tard. C'est le meilleur; c'est même le seul moyen à employer, je ne dirai pas pour développer, mais pour relever notre influence dans le Sahara.

L'INFLUENCE FRANÇAISE DANS LE SAHARA. — CE QU'ELLE EST. — Cette influence, il ne faut pas se le dissimuler, est bien réduite à l'heure actuelle.

Après le désastre de la mission Flatters, M. Féraud, notre Consul Général à Tripoli, écrivait, à la date du 12 avril 1881, au Ministre des Affaires Étrangères :

« *... Le désastre de notre mission fait grand bruit*
» *parmi les Indigènes. Nos sept Français qui la com-*
» *posaient sont devenus légion, munie de nombreux*
» *canons, et, le fanatisme aidant, on ne parle de rien*

---

(1) Depuis que ces lignes ont été écrites, un chemin de fer a été inauguré, entre Blida et Lodi, il arrivera prochainement à Médéa (à 90 kilomètres d'Alger). C'est un chemin de fer à voie étroite ! ! ! En sorte que voyageurs et marchandises qui ont à faire ce trajet de 90 kilomètres ont à subir un transbordement ! ! !

» *moins que d'une grande victoire remportée par les*
» *Touareg sur l'armée française d'Algérie.*

» .... *Il m'a été cité, par nos protégés algériens, une*
» *parabole indigène qu'il serait trop long de redire,*
» *mais dont la morale se résume ainsi :*

» *Les Touareg ont assassiné et pillé la voyageuse*
» *M*^{lle} *Tinné que l'on croyait Française, puis Dournaux-*
» *Duperré et Joubert, puis encore deux Pères Mission-*
» *naires d'Alger ; tous ces crimes partiels sont restés*
» *impunis. Cette fois, on vous massacre toute une*
» *commission d'officiers et de savants venant pacifique-*
» *ment, les mains pleines, comblant les chefs de présents*
» *et la population de bienfaits. Eh! bien, si vous ne*
» *faites rien, qu'aucun des vôtres n'essaye plus à*
» *l'avenir de s'avancer vers le Sud ; le Targui, con-*
» *vaincu de votre faiblesse, tuera et tuera toujours les*
» *vôtres....*»

Et, en effet, le 24 décembre 1881, trois prêtres de la société des Missionnaires d'Afrique, les Pères Richard, Morat et Pouplard, en février 1886 le Lieutenant Palat, en mai 1889 l'explorateur Camille Douls tombaient successivement, comme étaient tombés Mlle Tinné, Dournaux-Duperré, Joubert, le Lieutenant-Colonel Flatters, le Capitaine Masson et leurs compagnons.

Nous avons vu ce qui se disait à Tripoli, après le massacre de la mission Flatters, voici ce qui se disait à In-Salah avant l'assassinat du Lieutenant Palat. Cette fois, ce n'est plus un agent diplomatique qui écrit, c'est un simple particulier, un juif marocain, nommé Youcef ben Attya, que les habitants d'In-Salah ont autorisé à résider dans leur oasis, à la condition qu'il se ferait musulman. A In-Salah, il s'appelle Mohammed ben Abd er Rahman et fait du commerce, — on le dit même fort riche. Mais il est en relations avec le rabbin de Ghardaïa et, par son intermédiaire, il renseigne, et fort exactement, l'Autorité Militaire de ce Cercle. Voici les passages saillants de sa lettre, qui est datée du mois de janvier 1886.

» ..... J'apprends qu'un Français de chez vous
» (M. Palat) est arrivé chez les Khenafsa, à El-Hadj
» Guelman. Les gens de Timimoun lui ont fait dire
» qu'ils ne le recevraient pas dans leur ville et l'empê-
» cheraient de faire du commerce ; ils ont ajouté qu'ils
» ne relevaient que du Sultan du Maroc.....

» C'est une humiliation pour vous. Alors que tous les
» habitants de ce pays vont en paix faire du commerce
» chez vous, ils tuent ou chassent ceux qui viennent de
» votre pays chez eux. Si vous leur interdisiez l'accès
» de vos villes pendant un mois seulement, ils seraient
» obligés de se soumettre aux autorités du Mzab.

» Tant que vous ne tiendrez pas In-Salah, vous ne
» pourrez pas dire que vous tenez les Châanbâa. Ces
» derniers vous disent qu'In-Salah et le Hoggar sont
» difficiles à prendre parce qu'ils trouvent un refuge
» dans ce pays quand ils veulent fuir le vôtre.
» L'année de l'insurrection des Hamyan (l'insurrection
» de Bou Amama), si vous aviez eu le Gourara vous
» auriez mis fin à toute révolte immédiatement. Les
» gens de ce pays ont accès libre chez vous et, quand
» ils reviennent près des leurs, ils ne vous épargnent
» pas les injures et vous appellent mécréants.

» L'Empereur du Maroc n'a aucune action ici et ceux
» qui se disent ses sujets mentent...

» Timimoun et In-Salah pris, les Nomades comme
» les Ouled Ba Hammou et autres seraient soumis. Ils
» ne peuvent faire vivre leurs troupeaux que par les
» pâturages qui sont au Nord. S'ils étaient mal avec
» les Châanbâa, ou même avec Si Kaddour, ils ne
» pourraient vivre.

» Quant aux Touareg, ils ne peuvent pas passer une
» année sans venir à In-Salah où ils trouvent des
» dattes et des vêtements....

» *Quand vous tenez la tête d'un homme, il est à votre*
» *merci tout entier. De même, si vous preniez le Touat,*
» *tous les pays d'alentour seraient à vous...*

» *Quand vous êtes venus à El-Goléa (du 7 au 12*
» *novembre 1885), les gens du Touat étaient dans la*
» *plus grande anxiété. Ils disaient déjà qu'il n'était pas*
» *possible de vous résister par la poudre. Ce n'est que*
» *quand vous êtes repartis pour le Nord que les*
» *Touareg sont venus acheter des grains...*

» *Si vous aviez In-Salah, les Touareg deviendraient*
» *pour vous ce que sont les Châanbâa et les autres*
» *Nomades de votre territoire....*

» *Si vous ne venez pas, ce sera une tache pour vous,*
» *parce que les gens disent que vous avez peur. Chaque*
» *année on annonce que vous devez arriver, puis, que*
» *vous avez renoncé à l'expédition parce que vous avez*
» *eu peur....*

» *Si vous preniez le Touat, vous n'auriez plus rien à*
» *redouter des Touareg, Châanbâa, Zoua et autres. Le*
» *Tafilalet est indépendant et le Sultan n'y commande*
» *pas...*

» *Si vous laissez les choses en l'état, ce pays sera*
» *toujours un refuge assuré pour tous vos dissidents...*»

Cette lettre, qui dépeint très exactement la situation, peut se résumer ainsi :

Votre inaction est prise pour de la faiblesse, on se rit de vous. Un mouvement de votre part semble-t-il indiquer que vous allez enfin agir ? On tremble, car on sait qu'il est impossible de vous résister. Agissez donc et le pays est à vous.

CE QU'IL FAUT FAIRE POUR RELEVER ET DÉVELOPPER NOTRE INFLUENCE DANS LE SAHARA. — OCCUPATION ET ORGANISATION DU PAYS. — C'est en effet la seule chose que nous ayions à faire : agir, *et agir vigoureusement, en rejetant les demi-mesures qui ne font que retarder les solutions quand elles ne compromettent pas le succès ;* agir en nous inspirant des leçons du passé, et nous en avons d'excellentes à suivre. Permettez-moi de vous en citer deux qui s'appliquent exactement au cas actuel, c'est-à-dire aux deux périodes de toute marche en avant dans un pays neuf : l'occupation, l'organisation.

En 1854, le Souf était, par rapport à notre point extrême d'occupation, Biskra, ce qu'est aujourd'hui la région d'In-Salah par rapport à Ghardaïa et à son poste avancé d'El-Goléa. Les Souafa, se croyant à l'abri de nos coups, se montraient d'autant plus arrogants qu'ils regardaient comme autant d'obstacles infranchissables pour nos troupes les longues distances sans eau, les sables, en un mot les difficultés matérielles de leur pays. Au mois de décembre, le Colonel Desvaux, commandant la subdivision de Batna, qui venait de prendre possession de Tuggurt, y laissa le Colonel Liébert avec 500 hommes et, avec le reste de sa colonne, à laquelle il avait adjoint celle qui était venue de Bou-Saâda pour concourir à la soumission de l'Oued-Rir', il marcha droit sur Tarzout, par la route de Taïbet el Gueblia, celle qui, précisément, offrait le plus de difficultés. Il emmenait avec lui 4 escadrons de cavalerie, 2 bataillons d'infanterie et ses canons, parmi lesquels 3 obusiers de 12. Du 13 au 18 décembre, il promena cette colonne dans toutes les villes du Souf dont les habitants, stupéfaits, n'eurent même pas la pensée de résister. El-Oued, la capitale, paya en deux jours une contribution de guerre de 60,000 francs et, le 22 décembre, le Colonel Desvaux rentrait à Tuggurt sans avoir brûlé une cartouche.

Nous n'avons pas à procéder autrement aujourd'hui : montrer aux Sahariens que nos fantassins, nos cavaliers, nos canons, les atteindront partout si cela devient nécessaire, c'est encore le meilleur moyen de leur ôter toute velléité d'expérimenter, à leurs dépens, la valeur de nos armes. Voilà pour l'occupation ; passons à l'organisation :

En 1857, le Maréchal Randon, qui venait d'emporter, de haute lutte, la Kabylie du Djurdjura, eut à organiser sa conquête. Il ne commit pas la faute de chercher à imposer aux Kabyles, si différents des Arabes, des institutions qui convenaient à ces derniers, mais qui ne s'adaptaient pas au caractère national de nos nouveaux sujets. Il les laissa s'administrer à leur guise, soumettant seulement leurs djemaâs à un contrôle politique indispensable, ne retirant à la compétence de leur juridiction criminelle que les faits dont le caractère ou la gravité nécessitait notre intervention ; ne leur imposant, pour toute charge fiscale, qu'un impôt de capitation modéré. Enfin, il créa, au milieu du pays conquis, une petite forteresse, Fort-Napoléon, reliée à notre poste de Tizi-Ouzou par une belle route carrossable, et y installa un Commandant Supérieur assisté d'un Bureau Arabe pour la surveillance du pays, et appuyé par une garnison d'infanterie.

Cette organisation a donné les meilleurs résultats et il a fallu nos désastres de la guerre franco-allemande et les bouleversements politiques qui en furent la conséquence, pour que les Kabyles se laissâssent entraîner dans l'insurrection de 1871. Des modifications ont été apportées, depuis cette époque, dans l'organisation du pays ; je ne crois pas qu'elles aient été heureuses au point de vue de l'apaisement des esprits.

Comme l'a fait le Maréchal Randon, nous devrons, tout en nous réservant la surveillance politique du pays, conserver le plus possible les institutions locales et nous garder de tomber dans un des gros travers de notre administration, celui qui consiste à vouloir tout uniformiser, à imposer aux gens, sous prétexte de progrès, des changements dont ils n'ont cure, quand ils ne leur sont pas désagréables. Conservons, développons même les institutions démocratiques là où elles sont dans les goûts, dans les aspirations des populations, mais ne cherchons pas à les imposer là où elles n'ont que faire. Sachons être réservés dans nos exigences fiscales, n'accablons pas nos nouveaux sujets de règlements administratifs auxquels ils ne comprennent goutte et qui n'ont d'autre effet que de les irriter.

Ne confions le commandement de nos nouveaux territoires qu'à des officiers expérimentés, très fermes, mais aussi très bienveillants, habitués, par une longue pratique, à manier les Indigènes, connaissant bien leurs mœurs, leur caractère, leurs défauts, leurs qualités, parlant leur langue ; et, surtout, laissons ces officiers à leur mission qui est, avant tout, une mission politique. Moins, beaucoup moins de papiers ; si l'Algérie est devenue, comme le dit le Colonel Pein, « *la terre du rapport* », que le Sahara du moins échappe à cette critique.

Il n'entre pas dans le cadre de cette étude de rechercher par quels moyens nous devrons assurer la conservation de notre conquête et la sécurité du personnel assez nombreux, que nous devrons y entretenir, si nous voulons dominer le pays. C'est encore là, du reste, une de ces questions qu'il serait difficile de trancher sans avoir vu.

Il est évident qu'au début, les colonnes expéditionnaires devront séjourner quelque temps dans les régions conquises ; il est évident aussi que les Commandants Supérieurs et leurs Bureaux Arabes devront être appuyés par une force militaire après la rentrée des colonnes. Cette force paraît devoir être fournie par des hommes recrutés dans le pays, commandés par des cadres analogues à ceux de nos régiments de tirailleurs et de spahis, et organisés sur le même pied que l'armée Suédoise ou les anciens confinaires de l'Empire d'Autriche, c'est-à-dire vivant, avec leurs familles, sur les terres qu'ils cultivent autour du chef-lieu de leur compagnie, prêts à marcher dès que l'ordre leur en est donné, et ne percevant de solde que pour les journées de présence sous les armes.

Toute cette organisation entraînera de grosses dépenses, dira-t-on. C'est absolument vrai, mais je ne suppose pas qu'il soit venu à l'idée de personne que nous puissions, sans bourse délier, prendre possession des vastes territoires que nous attribue la convention du 5 août 1890. Or, nous voulons en prendre possession, puisque nous avons mis la signature de la France au bas de cette convention, et qui veut la fin doit vouloir les moyens.

Les Touareg. — Leur origine. — Institutions. — Mœurs. — Coutumes. — Langue. — Notre marche en avant, quelle que soit la direction que nous lui donnions, nous mettra à bref délai en contact avec les Touareg dont nous devrons traverser le territoire pour arriver au Soudan.

L'étude du Sahara serait incomplète, si nous ne nous arrêtions un instant sur ces peuplades qui ont un caractère tout particulier.

Et d'abord, le nom par lequel nous les désignons (*Touareg*, au sing. *Targui*, fém. *Targuie*) n'est pas le leur, c'est un surnom qui leur a été donné par les Arabes. La racine du mot est l'Arabe *tarek*, au pluriel *touarek* qui signifie *abandonné* (de Dieu), et on les appelle ainsi parce que, après avoir longtemps refusé d'embrasser l'Islamisme et s'y être ensuite convertis, ils ont plusieurs fois renié leur nouvelle religion.

Quelle était leur religion primitive ? la croix qu'on retrouve dans leurs dessins d'ornementation et dans plusieurs parties de leur équipement (pommeau de la selle, poignées des sabres et poignards) peut faire supposer qu'ils ont été Chrétiens : cette opinion, longtemps admise, est aujourd'hui contestée, bien qu'elle n'ait rien d'invraisemblable.

Leur nom est, suivant les dialectes qu'ils parlent: *Imouchar', Imohar' Imajeren, Imaziren;* leur langue est appelée, suivant ces mêmes dialectes: *Tamacher't, Tamahaq, Tamajer't* ou *Tamazir't.* Tous ces noms dérivent de la même racine, le verbe *iohar'* qui se traduit par: Il est indépendant, il est libre, il est franc, il pille.

Quelle est leur origine? Ils ne sont pas d'accord sur ce point: Les Azgueur ont dit à M. Duveyrier: « *Notre descendance la plus générale est celle des Édrisides de Fez; quelques-uns viennent d'Ech-Chinguit, entre Tin-Bouktou et l'Océan; d'autres, sont des gens de l'Adr'ar', entre le Niger et nos montagnes...* » Les Taïtoq et Kel Ahnet, que j'ai été chargé d'interroger en 1888, m'ont dit: « *... Nous sommes originaires du pays que nous habitons, nos pères y sont nés, nos aïeux également, et cela depuis que le monde existe; nos ancêtres ne sont pas venus d'un pays étranger. A aucune époque, nous n'avons été les frères des Hoggar, ni des Azgueur, ni d'aucune autre tribu.* »

Or, les Touareg parlent la même langue que les Kabyles du Djurdjura, en tenant compte, bien entendu, des altérations que, dans le Sud comme dans le Nord, le temps et le mélange des races lui ont fait subir en sens divers; toujours est-il qu'ils se comprennent pour peu qu'ils le veuillent; et si, pour nous éclairer, nous fouillons l'histoire de la Kabylie, nous y trouvons:

1° Dans les écrits de l'historien Eutrope: le récit d'une campagne faite en 297, par Maximien-Hercule, l'associé au trône de Dioclétien, contre les Quinquegentiens (habitants de l'Afrique du Nord) « qui infestaient l'Afrique », et cette flatterie adressée par l'historien au vainqueur: « *Les peuples les plus sauvages de la Mauritanie, ceux qui se fiaient sur les hauteurs inaccessibles de leurs montagnes et les fortifications naturelles de leur pays, tu les as battus, soumis, transportés...* »

Tu les as transportés: Eutrope ne dit pas où, mais il

dit nettement deux choses : que les Quinquegentiens infestaient l'Afrique et que le vainqueur les a expatriés;

2° Une légende des Zouaoua qui paraît se rapporter aux mêmes faits et que voici :

« *Jadis, il y a bien longtemps, la prospérité croissante*
» *des montagnards vint à porter ombrage au souverain*
» *d'alentour, qui résolut de les transporter dans le*
» *Sahara. Déjà cette mesure avait frappé quelques*
» *tribus et le tour des habitants du Djurdjura était*
» *arrivé, quand la Terre éleva elle-même la voix, pour*
» *supplier le Tout-Puissant de ne point permettre qu'elle*
» *fût injustement privée des bras énergiques qui l'avaient*
» *fécondée. Dieu écouta ce vœu et les protégés de la*
» *Terre continuèrent à vivre et à prospérer dans la*
» *montagne.* »

Si on rapproche les dires des Touareg de l'histoire latine et de la légende kabyle, on peut tirer de l'ensemble cette déduction que, par suite d'une succession de faits dont l'expédition de Maximien-Hercule ne fut probablement qu'un épisode, les Berbères qui occupaient l'Afrique, battus, désagrégés, ont : les uns, continué à vivre côte à côte et à se fondre avec les vainqueurs, les autres, cherché un refuge dans les montagnes jugées les plus inaccessibles, ou mis le désert entre eux et les envahisseurs.

Kabyles et Touareg ont donc certainement une origine commune : l'identité de leurs langues le prouve surabondamment, la similitude de leurs mœurs confirme le fait.

Les Touareg ne formaient probablement, au début de leur installation dans le Sahara, qu'une seule agglomération ; mais forcément amenés, par leur dispersion sur d'immenses espaces, à s'isoler les uns des autres, les groupes qu'une communauté d'origine ou d'intérêts avait formés ont fini par se créer, chacun de son côté, une existence politique indépendante de celle de ses voisins.

C'est ainsi que nous trouvons devant nous, aujourd'hui, cinq confédérations parfaitement distinctes :

Au Nord-Est celle des Azgueur (ou Azdjer), dans le Tassili qui porte leur nom ;

Au Nord celle des Hoggar (ou Ahaggar), dans la montagne du même nom ;

Au Sud-Est celle des Kel Ouï, dans le massif de l'Aïr (ou Azben) ;

Au Sud celle des Ouelimmiden, dans la montagne dite Adrar ;

Enfin, à l'Ouest, celle de l'Ahnet dont les principales tribus campent dans le massif montagneux de ce nom et dont les parcours s'étendent à l'Ouest de ceux des Hoggar et de ceux des Ouelimmiden.

Cette dernière confédération est encore dans la période de formation. Les tribus qui la composent, bien que, géographiquement, elles soient complètement distinctes du Hoggar, y étaient encore rattachées politiquement, il y a 25 ans, quoi qu'en puissent dire les récits intéressés qui affirment le contraire. La scission qui s'est produite a eu, pour point de départ, une rivalité d'intérêts entre Ahitaghel, chef du Hoggar, et son neveu Sidi Ould Guerradji, chef de l'Ahnet. Celui-ci, qui est un homme d'une grande énergie physique et morale, s'est, depuis peu, rapproché de son oncle, mais sans, pour cela, renoncer à l'indépendance de ses tribus. Il ne porte que le titre d'*amr'ar* (chef de tribu, caïd), tandis qu'Ahitaghel affecte de prendre parfois celui d'*amenoukal* (Roi, Sultan). Qu'adviendra-t-il dans l'avenir de cette scission ? Il serait téméraire de le prédire, mais comme elle est absolument logique au point de vue géographique, le massif de l'Ahnet étant séparé de celui du Hoggar par un grand espace inhabité, il y a des chances pour qu'elle devienne définitive.

Ahitaghel et Sidi Ould Guerradji ont assisté, l'un et l'autre, au conciliabule tenu à In-Salah et où le massacre de la mission Flatters fut décidé ; ce sont les Hoggar qui ont exécuté l'arrêt de mort ; les gens de l'Ahnet (Taïtoq, Kel Ahnet, etc.), occupés à guerroyer contre les Ouelimmiden, ne paraissent pas avoir pris une part active au drame.

La société targuie comprend plusieurs castes, savoir :

Les nobles ou *Ihaggaren* (au sing. masc. *Ahaggar*, fém. *Tahaggart*), classe dirigeante ;

Les serfs ou *Imrad* (au sing. masc. *Amrid*, fém. *Tamrit*). Leur situation inférieure est née de leur faiblesse ; des tribus trop pauvres ou trop peu nombreuses pour résister aux attaques incessantes de voisins puissants et sans scrupule, se sont inféodées à un de ces voisins qui les protège contre les autres. Le servage est d'ailleurs assez doux : tel serf n'est pas le serf de tel seigneur, mais telle tribu, qui a conservé son autonomie, est devenue la tribu serve de telle tribu noble à laquelle elle doit la ghefara (redevance) et la corvée, pour laquelle elle doit combattre dès qu'elle en est requise, dont elle doit subir la politique tant intérieure qu'extérieure. Les Imrad sont, en résumé, plutôt des vassaux que des serfs.

Les *Iradjenaten* ou sang-mêlé. Ceci demande une explication :

De même que, dans notre société, nous voyons se contracter des unions qualifiées de mésalliances, de même il n'est pas très rare, chez les Touareg, de voir se conclure des mariages entre nobles et serfs.

Les enfants issus de ces mariages appartiennent, contrairement à nos usages, à la caste de leur mère, en vertu de ce principe : « *Le ventre teint l'enfant.* » Si la mère est noble, le père fût-il Amrid, les enfants sont nobles.

Si, au contraire, la mère est Tamrit, le père, si noble qu'il soit, ne peut leur conférer la noblesse, et les enfants seraient Imrad si l'ada (la coutume) ne leur avait fait une situation particulière : ces enfants sont Iradjenaten. Il y a, dans l'Ahnet, une petite tribu, celle des Irechchoumen, dont les sept familles ont cette origine.

Les Iradjenaten ne peuvent prétendre aux privilèges dont jouissent les nobles, mais ils sont exempts des charges qui pèsent sur les serfs.

Dans toutes les familles, nobles, serves ou iradjenaten, on trouve des esclaves noirs dont nous avons vu précédemment l'origine. Il faut qu'une famille soit bien pauvre pour n'avoir pas au moins une négresse esclave à son service. Le sort des esclaves chez les Touareg est le même qu'en pays arabe; ils ne sont pas malheureux. Ils peuvent être affranchis, mais seulement si leur âge et leurs forces physiques leur permettent de gagner leur vie : un enfant, un vieillard, un impotent ne peuvent l'être. L'esclave affranchi est libre de rester dans le pays, s'il peut y trouver des moyens d'existence, ou de le quitter et d'aller où bon lui semble.

Le régime politique des Touareg était, dans le principe, une monarchie féodale dont le chef, *Amenoukal*, Sultan, avait, pour le seconder, à la tête de chacun des groupes de la confédération, un *Amr'ar*, sorte de Gouverneur de Province ou, plus simplement, de Caïd. Les affaires de chaque tribu étaient traitées par une djemâa composée des chefs des familles nobles et présidée par le plus âgé d'entre eux.

Aujourd'hui que les groupes principaux se sont successivement séparés les uns des autres, pour former autant de confédérations distinctes, le titre d'amenoukal a pu se conserver, la fonction n'existe plus; l'Amr'ar seul est resté, avec les Djemâas des tribus organisées comme par le passé.

L'Amr'ar est nommé à l'élection directe par le peuple. Rien ne s'oppose à ce que le pouvoir se perpétue dans sa famille, c'est même ce qui a lieu ordinairement, et, dans ce cas, le successeur légitime de l'Amr'ar défunt ou démissionnaire est son frère utérin ou, à défaut, le fils aîné de sa sœur aînée. Mais il faut que ce successeur soit accepté par le peuple qui peut toujours, si l'Amr'ar vient à démériter ou si l'intérêt de la confédération l'exige, se donner le chef de son choix.

Pour la désignation de l'Amr'ar, nobles, iradjenaten et même imrad ont voix au chapitre, mais, si les iradjenaten et les imrad sont électeurs, ils ne sont pas éligibles.

Le pouvoir judiciaire est, en matière criminelle, exercé par la Djemâa que préside l'Amr'ar ; mais, ordinairement, on n'a pas recours à ce tribunal. La loi du talion : « œil pour œil, dent pour dent », admise par l'ada, permet à l'homme volé, blessé, de se faire justice lui-même, aux parents de l'homme tué de venger sa mort. Ce n'est que dans le cas où les représailles à exercer seraient de nature à compromettre la sécurité du pays, à l'intérieur ou à l'extérieur, ou bien quand elles menacent d'atteindre un homme ou une famille que l'intérêt commun oblige à ménager, qu'on demande à la Djemâa la sanction d'un jugement, pour appliquer la peine édictée par l'ada.

Quand il s'agit d'affaires litigieuses que la Djemâa n'a pu régler, les Azgueur vont soumettre le cas aux cadhis de R'ât et de R'adamès ; les Hoggar s'adressent à celui d'In-Salah. Les gens de l'Ahnet ont une sorte de magistrat, nommé à l'élection, par le peuple, et qui porte le titre d'*Alem*.

L'Alem que le suffrage a désigné ne peut entrer en fonctions qu'après une sorte d'examen qu'il subit devant la Djemâa et les savants de la confédération. Il se transporte là où sa présence est nécessaire. Il est assisté, dans chaque affaire, par des arbitres choisis à raison de deux par chacune des parties adverses. L'Alem rend le jugement après avoir entendu les témoins et pris l'avis de ses assesseurs improvisés dont le rôle cesse aussitôt.

Au point de vue religieux, les Touareg sont musulmans et suivent le rite Malekite.

Il paraît probable, bien que les Touareg interrogés à ce sujet aient affecté la plus complète ignorance, que les ordres religieux de Mouley Taïeb, de Sidi Abd-el-Kader, de Tidjani et, surtout, de Si Senoussi ont parmi eux des adeptes; néanmoins, la race est, comme la race kabyle, peu pratiquante en temps ordinaire et exempte de fanatisme. L'affiliation aux ordres religieux n'est pas, du reste, incompatible avec cet état d'esprit : en pays musulman, les intérêts politiques sont intimement liés aux intérêts religieux, et les tendances politiques d'un ordre lui valent souvent plus d'adhésions que ses doctrines spirituelles. Quelques marabouts vivent au milieu des Touareg dont ils ont adopté le costume et la manière de vivre; ils sont généralement d'origine arabe et remplissent, dans la société targuie, le même rôle qu'en pays arabe : éducateurs et conciliateurs, ils sont souvent pris pour arbitres lorsque des différends surgissent entre particuliers ou tribus.

Il n'existe pas de mosquées en pays targui; les *tamedjida* (en arabe *mekkam*), où on se réunit pour prier, se composent généralement de pierres plantées en hémicycle : le plus souvent frustes et espacées entre elles par des intervalles réguliers; quelquefois réunies de façon à former un petit mur à hauteur d'appui. Les tamedjida s'élèvent ordinairement sur des points où des personnages religieux sont morts en odeur de sainteté, ou bien où, de leur vivant, ils avaient l'habitude de camper, de faire leurs prédications, etc.

La prière se fait en arabe, bien que la très grande majorité de la population ignore cette langue; le fait, qui peut paraître étrange, n'est pas plus extraordinaire que ce qui se passe dans nos églises où, journellement, des femmes et des enfants, qui n'ont pas la moindre notion de latin, récitent des prières et chantent des cantiques écrits en cette langue.

Malgré leur tiédeur religieuse, les Touareg, comme les Arabes, se couvrent le corps d'amulettes, pour se préserver des maléfices des enchanteurs, des sorciers et des esprits malfaisants, car ils ne sont pas exempts de superstitions.

« *Les femmes,* raconte M. Duveyrier, *qui veulent se* » *mettre en communication avec les absents qui leur* » *sont chers, vont, parées de leurs vêtements et orne-* » *ments les plus riches, se coucher sur les anciennes* » *tombes, où elles évoquent l'âme de celui qui les rensei-* » *gnera. A leur appel, Idebni, un esprit, se présente* » *sous la forme d'un homme. Si l'évocatrice a su plaire* » *à l'esprit, Idebni lui raconte tout ce qui s'est passé* » *dans l'expédition ; dans le cas contraire, il l'étrangle.* » *Il va sans dire que les femmes, connaissant les* » *exigences d'Idebni, font si bien qu'elles reviennent* » *toujours avec des nouvelles qui, dit-on, sont confir-* » *mées par les voyageurs à leur retour.* » — Il est probable que cette superstition durera aussi longtemps qu'il y aura de jeunes femmes n'aimant pas la solitude, et de joyeux drilles pour qui le rôle d'Idebni n'aura rien de désagréable.

Chez les Azgueur, nul n'oserait pénétrer dans une montagne isolée qui se trouve à 30 kilomètres au nord de R'ât, sur la route de Radamès, près de la chaîne de l'Akakous, et qui est habitée par les génies. Les Touareg appellent cette montagne Idinen, les Arabes lui donnent le nom de Ksar-el-Djenoun (Palais des génies).

Chez les Hoggar, même superstition en ce qui concerne le mont Oudân. On prétend même que les djenoun du mont Oudân vont souvent chercher querelle à leurs voisins de l'Idinen et qu'ils se livrent des combats dont le bruit se perçoit nettement.

Dans l'Aïr, il y a une oasis enchantée, mais personne ne sait au juste où elle se trouve : on ne connaît son existence que par le récit fait jadis par le seul voyageur qui en soit revenu. Cet homme, ayant chargé ses chameaux de dattes cueillies dans l'oasis, avait beau marcher jour et nuit, il se retrouvait toujours à son point de départ. Comprenant enfin que les génies réclamaient leurs dattes, il les leur rendit et se remit en route ; mais il fut ramené de nouveau dans l'oasis parce qu'une datte avait été oubliée au fond d'une r'erara et ce n'est qu'après avoir restitué cette datte comme les autres qu'il put enfin regagner sa tente.

Dans l'Ahnet, les *Kil-es-Souf* ou *Ahl et Trab* (gens de la poussière — revenants), sous prétexte que tout ce qui est sous terre leur appartient, accaparent l'eau des sources, mangent les racines des plantes pour les empêcher de pousser et jouent aux voyageurs une foule de mauvais tours.

Il y a aussi, dans les grottes assez nombreuses du massif de l'Ahnet, un animal extraordinaire et seul de son espèce, c'est le *taner'out*. Il est noir, de la grosseur d'un bœuf, a la forme d'une boule et, par une gueule énorme, il lance des jets d'eau bouillante. Comme il change souvent de domicile, on ne sait jamais au juste où il demeure et c'est là qu'est le danger car c'est, relativement, un monstre d'assez bonne composition, en ce sens qu'il n'attaque jamais personne. Mais il n'aime pas à être dérangé et si un voyageur vient chercher un refuge dans la grotte où il dort, ce qui parait être sa principale occupation, le taner'out l'inonde d'eau bouillante et le malheureux, tué et cuit en même temps, sert de pâture au monstre. Celui-ci attendra patiemment, pour faire un nouveau repas, qu'une autre victime vienne s'offrir à lui. Rien ne le presse, il peut rester des années sans manger.

Le *tanerhouel* est un serpent qui est long comme six hommes ; il a des cornes de bouc tout autour de la tête et pousse des cris comme un chevreau, mais il est tellement rare que personne ne l'a jamais vu.

Un autre serpent, plus petit, il n'a que quatre fois la longueur de l'homme, est désigné simplement sous le nom générique d'*achchel;* il a une touffe de poils sur la tête, mais on ne l'a pas vu plus souvent que le tanerhouel. — Un souvenir personnel vient ici confirmer, dans une certaine mesure, ce que je disais tout à l'heure de l'origine commune des Touareg et des Berbères du Nord de l'Afrique. Cette légende du serpent chevelu m'a été racontée en 1877, à Mgaous, dans l'annexe de Barika : la définition du monstre était exactement la même, seulement, au lieu de lui donner le nom d'achchel qui, en tamahaq, est la traduction du mot serpent, on lui donnait le nom arabe similaire *hanech*. Or, les habitants de Mgaous sont des Chaouïa de l'Aurès, cousins germains des Kabyles ; ce sont des sédentaires, aucun d'eux n'a eu le moindre rapport avec les Touareg : il est donc probable que cette légende est fort ancienne et que ce n'est pas dans le Sahara qu'elle a pris naissance.

Mais, si les Touareg ont la même origine que les Kabyles, le milieu dans lequel ils vivent a modifié leur genre d'existence : les Kabyles sont sédentaires et agriculteurs ; les Touareg sont nomades et ne cultivent pas : ce sont des pasteurs, des convoyeurs, des guerriers.

Pasteurs, ils possèdent de nombreux troupeaux de zébus (bœufs à bosse), de chameaux, d'ademans, de chèvres, beaucoup d'ânes, presque pas de chevaux.

Convoyeurs, ils le sont pour leur propre compte et pour le compte d'autrui. N'ayant ni agriculture, ni industrie, ils sont obligés d'aller chercher, au Soudan ou au Tidikelt, au Gourara, au Touat, à R'ât, R'adamès, etc., ce qui leur manque, c'est-à-dire à peu près tout ; et, comme l'argent monnayé n'existe pour eux qu'à l'état d'exception, c'est par voie d'échange que s'opèrent leurs transactions. Tout naturellement, ils ont été amenés à se faire les intermédiaires des sédentaires qu'ils trouvent aux deux extrémités de leurs parcours.

Guerriers, ils le sont par tempérament et aussi par nécessité : par tempérament, car on les voit partir en expédition, comme les gens de l'Ahnet qui sont venus se faire prendre au Hassi In-Ifel en 1887, simplement parce que l'inaction leur pèse ou parce qu'il y a en perspective quelque r'azzia fructueuse; par nécessité, parce que, se jugeant bien les uns les autres, ceux qui vivent de rapines au détriment de leurs voisins ne doutent pas un seul instant que ceux-ci ne soient, de leur côté, toujours disposés à leur rendre la pareille.

Les expéditions sont de deux sortes : *Annemenr'i* ou *Amdjer,* la guerre proprement dite; *Edjen,* la r'azzia.

Dans la première, le combat est le but; dans la seconde, il n'est qu'un incident. Pour l'une comme pour l'autre, le Targui ne s'embarrasse d'aucun impédimentum : le mehari porte les vivres et la provision d'eau de son maître, et c'est un fort léger bagage, car, en expédition, on ne mange qu'une fois par jour: le soir, après l'arrivée au gîte. Pas de tente, pas de réserve de vivres, partant pas de convoi. Tout le monde est monté, les fantassins ne pourraient suivre. La monture habituelle est le mehari; les rares possesseurs de chevaux ne manquent pas cette occasion de les produire; les Touareg sont très convaincus de l'importance de la cavalerie dont ils redoutent fort la rencontre.

La troupe se met en marche, groupée et précédée de quelques éclaireurs.

Dans la guerre offensive, quand ceux-ci ont signalé l'ennemi, on force la marche, tout en cherchant à se dissimuler le plus possible. L'action s'engage à coups de fusil; si l'ennemi tient, on l'aborde, on échange avec lui quelques sagaies et la lutte s'achève corps à corps, le sabre à la main.

Dans la guerre défensive, les éclaireurs cherchent à se rendre un compte exact de la force de l'adversaire : si elle est trop supérieure, on évite le combat; si on est serré de trop près, on prend la formation dite *mrah,* qui est connue et pratiquée dans tout le Sahara : on fait coucher, en cercle ou en carré, avec leur chargement, les chameaux préalablement entravés, et on combat à l'abri de ce rempart vivant; si, enfin, l'ennemi paraît en nombre inférieur, ou a commis une faute dont on puisse profiter, on passe de la défensive à l'offensive.

Mais les guerres proprement dites sont l'exception ; l'Edjen, la r'azzia est, au contraire, très fréquente. Toute la stratégie consiste : de la part des assaillants, à surprendre les animaux au pâturage, les caravanes quand elles sont peu ou mal gardées, ce à quoi ils réussissent presque toujours, et à emmener le butin le plus rapidement et le plus loin possible; de la part des gens r'azzés, à reprendre leurs prises aux pillards et à enlever à ceux-ci leurs propres montures. Il arrive très souvent que les r'azzeurs deviennent les r'azzés et alors la défaite devient pour eux un désastre.

Les gens qui emmènent du butin marchent à toute vitesse, avec une ligne d'éclaireurs formant arrière-garde, et avec des flanqueurs, si on craint une attaque latérale.

Mais ces attaques, contre lesquelles on se garde, ne se produisent qu'exceptionnellement pendant la marche. Les gens r'azzés ne perdent pas leur temps à une poursuite qui offre peu de chances de succès. Ils s'efforcent de s'emparer d'un point d'eau situé sur la ligne de retraite du r'azzou; celui-ci, dès qu'il se sent poursuivi, donne à sa marche le maximum de vitesse, pour arriver à l'eau avant l'adversaire, et, en fin de compte, le dernier mot reste, presque toujours, au premier arrivé.

Si le r'azzou ne peut déloger du point d'eau ceux qui l'occupent, il prend le parti d'abandonner le butin et ne cherche plus qu'à regagner son point de départ; mais, s'il est poursuivi, si ses propres montures tombent au pouvoir de l'ennemi, il ne rentrera dans ses campements que décimé par la plus horrible des morts, la mort par la soif.

Les expéditions se font en tout temps : pour la guerre

proprement dite, on préfère l'hiver, parce que la température est plus supportable, la soif moins ardente, l'eau plus abondante ; pour la r'azzia, au contraire, on choisit les jours les plus longs et les plus chauds de l'été. A cette époque de l'année, en effet, le manque de pâturages, la rareté de l'eau obligent tentes et troupeaux à se disséminer en petits groupes dont on a plus facilement raison.

Les distances, d'ailleurs, ne comptent pas ; qu'il ait une offense à venger, un coup de main fructueux en perspective, le Targui se met en route : il arrivera quand il pourra, peu lui importe. Nous avons vu, en commençant, que, pour franchir la distance de 900 kilomètres qui sépare Alger d'El-Goléa, nos troupes mettraient 42 jours, dont 34 de marche. Pour franchir une distance presque égale, 850 kilomètres, le r'azzou des gens de l'Ahnet qui est venu se faire battre, en 1887, par les Mouadhi, au Hassi In Ifel, sur sa ligne de retraite, n'a mis que 17 jours : du 22 juillet au 7 août, c'est-à-dire à l'époque la plus chaude de l'année. Faut-il, comme le dit l'expression populaire, « *donner un coup de collier* » ? ce même r'azzou nous fournit un exemple qui se passe de commentaires : parti du Hassi In Ifel le 6 août à 4 heures du matin, il arrive le lendemain 7, à 7 heures du matin, à Daïet ed Drina où se trouvent les chameaux des Mouadhi et les r'azze. Un groupe tourne bride aussitôt et, quoique sa marche soit ralentie par les 130 chameaux r'azzés qu'il emmène, il est de retour au Hassi In Ifel le 8, vers 7 heures du matin. Or, du Hassi In Ifel à Daïet ed Drina, on compte 125 kilomètres. Ces 25 hommes ont donc franchi 250 kilomètres en 51 heures, et cela sans avoir pu boire autre chose que la maigre provision d'eau que chacun portait avec soi.

Le harnachement du mehari est, du reste, très simple, très léger, admirablement approprié aux besoins de l'homme de guerre qui doit pouvoir seller et brider rapidement et marcher ensuite plus rapidement encore. Il se compose des pièces suivantes :

Une selle *(terik,* en arabe *rahla)* à dossier, avec pommeau en croix, maintenue par une sangle tissée en poil de chameau et ne comportant pas d'étriers. L'homme a les jambes croisées sur le cou de sa monture qu'il stimule par le frottement des pieds nus ;

Une longue bride *(Tir'ounin)* faite de lanières de peau de chèvre tressées et qui s'adapte à un anneau passé, à demeure, dans l'un des naseaux du mehari ;

Un mors *(keskabou)* en fer, ordinairement surmonté d'un ornement en cuivre qui fait saillie sur le nez de l'animal ;

Un long fourreau de cuir *(igarrouï)* qui sert à placer les armes dont on n'a pas à faire un usage immédiat, et qui est agrémenté de nombreuses lanières faisant office à la fois de cravache et de chasse-mouches. L'igarrouï est placé à droite ;

Un autre sac, également en cuir et fermé par un cadenas, s'accroche à gauche de la selle ; il n'a pas de lanières, est assez souvent divisé en compartiments et contient les provisions de tous genres ;

Enfin, une ou plusieurs outres contenant de l'eau.

L'armement des Touareg n'est plus aussi primitif qu'il ne l'était, il y a peu d'années encore. Les Touareg du Nord et de l'Ouest sont tous, aujourd'hui, armés de fusils à deux coups et à piston, armes de pacotille qu'ils se procurent au Touat, à In-Salah où elles sont expédiées de Tripoli. Inutile d'ajouter que ces armes sont de provenance anglaise, de même que la poudre fine et les capsules qui se débitent sur les mêmes marchés.

Mais, malgré l'adoption des armes à feu, les Touareg n'ont pas encore renoncé à leurs anciennes armes nationales qui sont :

Le *tilak,* poignard long d'environ 60 centimètres dont le fourreau est muni d'un large bracelet en cuir qui permet de porter l'arme sous l'avant-bras gauche, la poignée (en forme de croix) à hauteur de la main, la pointe dans la direction du coude ;

La *takouba,* épée à deux tranchants, lame plate et large, poignée en forme de croix : c'est une réduction de l'épée à deux mains de nos chevaliers du Moyen-Age ;

L'*allar'*, sagaie entièrement en fer, barbelée, sur une longueur de 20 centimètres environ, au-dessous de la pointe dont la forme est très élégante, et terminée, à son extrémité opposée, par une partie plus large, aplatie en forme de spatule, que surmonte un bourrelet métallique.

C'est quelquefois une arme de hast, mais surtout une arme de jet : les Touareg la lancent avec une vigueur et une adresse remarquables ;

La *tar'da*, lance en fer aux deux extrémités, hampe en bois, arme peu estimée.

L'arc *(tadjanihi)*, les flèches *(tinassabin)* et leur carquois *(titar)* ne sont plus guère en usage que dans l'Aïr et les contrées qui touchent au Soudan. Les flèches sont de petites baguettes en roseau, non empennées et armées de pointes en fer barbelées ; elles ne sont pas empoisonnées.

Cet armement est complété par un grand bouclier *(ar'ar'* — en arabe *derga)*, en peau d'antilope mohor, insuffisant contre les balles, mais qui, manié avec adresse, préserve celui qui le porte de l'atteinte des flèches et même des sagaies.

Le costume des Touareg est fort différent de celui que portent les Arabes et les Kabyles que nous sommes habitués à coudoyer.

Les vêtements sont confectionnés en cotonnade de couleur indigo ; les gens de l'Ahnet emploient une étoffe à petits carreaux bleu et blanc en tout semblable à ce que nous appelons la toile de Vichy.

Les pièces du costume sont :

La *Tekoumbout*, chachia rouge, très haute, avec gland en soie bleue ou noire, très volumineux et retombant en tous sens, de façon à la couvrir presque entièrement ;

L'*achchach* (c'est le mot arabe *ech chach*), longue pièce de cotonnade blanche qui s'enroule autour de la tête, formant turban, et descend ensuite sur les épaules, puis à la taille, de façon à dessiner une ceinture et de larges bretelles ;

La *ticherbit*, turban volumineux qui ne se porte guère qu'en costume d'apparat ; on y joint parfois un large galon d'or ;

La *tikaraït*, ceinture, ordinairement en laine rouge, qui se place par-dessus l'achchach ;

La *tikamist*, sorte de longue blouse très ample et sans manches (l'*abaïa* des Arabes), plus ou moins richement brodée, dans le dos surtout ;

Le *karteba*, pantalon de même forme que celui des zouaves, avec cette différence qu'on ne le porte pas relevé ; il descend jusqu'à la cheville où il se termine par une jambière étroite, haute de douze à quinze centimètres et brodée ;

Les *Ir'atimen*, sandales en peau de zébu recouvertes en peau de chèvre ;

Enfin, deux autres pièces qui constituent, en quelque sorte, la caractéristique du costume national : le voile (*tedjoulmoust*) et l'anneau de bras (*abedj*).

« *Nous sommes Imohar', comme tous les gens qui » portent le voile* », m'ont dit les Touareg que j'ai eu à interroger, ne trouvant pas d'expression qui fût de nature à mieux affirmer leur nationalité. Le voile noir (quelques tribus de races inférieures le portent blanc) dont les hommes, seuls, ont le visage constamment couvert, nuit et jour, qu'ils ne quittent même pas pour boire et manger, ils le portent avec un sentiment presque religieux et ils croiraient manquer aux convenances les plus élémentaires en se dévoilant en présence de qui que ce soit. Chose bizarre, les femmes ne le portent pas, ne doivent pas le porter.

Tous les Touareg portent, au-dessus du coude droit, un anneau en pierre. L'anneau se nomme *abedj* (pluriel *iabedjan*), la pierre dans laquelle il a été taillé *alloulaq*, c'est la serpentine. Le port de l'abedj donne plus de force pour lancer la sagaie, et, dit M. Duveyrier, « *offre » un point d'appui solide pour écraser la tête de son » ennemi* » dans les combats corps à corps, alors que les adversaires se tiennent si étroitement qu'il ne leur est plus possible de faire usage de leurs armes. L'abedj est très souvent un gage d'amour que la femme targuie offre à son fiancé après y avoir, elle-même, gravé ou son nom, ou une courte sentence, ou simplement quelques lettres dont, seuls, elle et le donateur connaissent le sens.

L'ensemble du costume des Touareg est sombre, ce qui étonne dans un pays où il semble qu'il n'y ait place que pour des vêtements blancs. Ils paraissent n'avoir qu'en médiocre estime le costume arabe. Lorsque les prisonniers du Hassi In Ifel ont été amenés à Ghardaïa, les Mouadhi les avaient dépouillés et on dut les couvrir avec des gandouras et des burnous : c'est dans cet accoutrement qu'ils arrivèrent à Alger. Quelque temps après, il fallut remplacer leur garde robe ; on put leur procurer des étoffes analogues à celles qu'ils emploient et ils se mirent à tailler, à coudre, à broder, tant et si bien qu'un beau matin, je les trouvai tous revêtus de leurs vêtements neufs, joyeux de leur métamorphose, et l'un d'eux me dit : « *Regarde, Capitaine, maintenant, tu » vois des hommes !* »

Le costume des femmes comporte les pièces suivantes :

Ikarraï, voile confectionné avec deux ou plusieurs tedjoulmoust ; il enveloppe la tête et couvre les épaules un peu à la façon d'une mantille ;

Tikamist, de même forme que celle des hommes,

mais de couleur noire pour le costume journalier. En costume d'apparat, la tikamist est faite en étoffe du Djerid rayée de diverses couleurs ;

Sedjebès, ceinture faite de la même étoffe que la tikamist ;

Haïki, haïk en laine et soie ;

Taberouk, sorte de haouli, longue pièce d'étoffe à fond blanc, rayée de bandes de couleurs diverses, qui enveloppe la tête et le corps ;

Tekhabit, haïk en laine noire très légère qui se porte par-dessus tout le costume ;

Ir'atimen, sandales, de même forme que celles des hommes, mais d'un travail plus fin et plus soigné.

Les bijoux que portent les femmes sont en or ou en argent, ce sont les suivants :

Tir'a, collier composé de pendeloques qui tombent sur la poitrine et qui sont suspendues au cou, soit par une chaîne de métal, soit par un simple cordon ;

Tezzabitin (au sing. *Tezzabit*), boucles d'oreilles ; ce sont de grands anneaux dont le diamètre va jusqu'à 10 et 12 centimètres et auxquels sont fixées des pendeloques agrémentées de corail. Quelques hommes portent une seule boucle d'oreille en argent, mais cet usage n'est pas général ;

Tisser'in, bagues. La suprême élégance consiste à en porter une à chaque doigt (pouce compris) et aux deux mains : celles du pouce, du médium et de l'auriculaire sont alors en or, et portent un chaton très en relief qui contient un grain de plomb mobile ; celles de l'index et de l'annulaire sont en argent, le chaton est remplacé par un douro ;

Iabedjan, bracelets. Les femmes riches en portent à chaque bras, autant qu'elles peuvent, en alternant un bracelet en or, un en argent, etc. Le bracelet en argent est une baguette unie terminée par deux boules dont l'écartement permet l'introduction du bras. Le bracelet en or est plat, large de quatre à cinq centimètres et orné de têtes de clous disposées en quinconce. Il n'est pas ouvert.

La coquetterie féminine ne perd nulle part ses droits, mais elle revêt parfois des formes qui ne peuvent être exactement appréciées que dans des milieux spéciaux. Les femmes targuies se teignent les mains, les bras et le visage avec de l'ocre jaune ou rouge, parfois même avec de l'indigo ; cette coutume a pour objet de les préserver des atteintes du froid et de la chaleur, et aussi « *de les rendre plus belles* ». La mode a au moins, ici, pour excuse une question d'hygiène : la teinture remplace le voile que les hommes sont seuls à porter.

L'hygiène, comme la mode, subit l'influence des milieux et nos hydropathes auraient fort à faire, en pays targui, pour faire adopter leur système. Les Touareg de l'Ouest se lavent peu, les Azgueur ne se lavent pas du tout : le contact de l'eau, disent-ils, les rendrait trop sensibles aux variations de la température. Il en résulte que l'indigo dont sont imprégnés leurs vêtements déteint sur leur corps, et c'est probablement ce qu'ils recherchent, car ils ne lavent pas plus leurs vêtements qu'eux-mêmes, parce que, disent-ils encore, s'ils les lavaient ils ne déteindraient plus.

La médecine est inconnue chez les Touareg : pour certaines maladies, ils ont des remèdes plus ou moins étranges que la tradition leur a transmis et qu'ils emploient avec la conviction que, si le malade ne guérit pas, c'est que Dieu ne l'a pas permis ou que les Djenoun y ont mis obstacle.

La fièvre *(tazzaq)* sévit en automne ; elle a tous les caractères de la fièvre paludéenne : frissons, intermittence. On la traite en égorgeant une chèvre au-dessus du malade préalablement placé de façon à recevoir, sur la tête, le sang qui retombe sur ses épaules et se répand ensuite sur tout le corps.

Les ophthalmies *(kemanet tidhtaouïn)* sont fréquentes ;

les longues courses dans le sable, sous un soleil torride, les déterminent, la malpropreté les entretient, l'ignorance en retarde, souvent même en empêche la guérison. Le seul remède employé, comme curatif et comme préservatif, est le *koheul* (sulfure d'antimoine).

La variole *(bedi)* sévit presque constamment; on ne fait rien pour arrêter ses ravages.

La rougeole *(loumet)* atteint les enfants : on se contente de couvrir le malade et de provoquer d'abondantes transpirations.

Les dartres *(anherou)* sont fréquentes ; on les attribue aux maléfices des djenoun, et on les traite au moyen d'un philtre composé d'un mélange de dattes et de diverses écorces d'arbres séchées et pilées.

La syphilis *(talaouaït)* est très commune et fort souvent héréditaire : on la traite avec un mélange de dattes pilées et de cendres de cornes de moufflon.

Les Azgueur emploient volontiers le feu contre les douleurs rhumatismales ; les gens de l'Ahnet ne l'emploient jamais, ni contre cette affection, ni dans aucun autre cas.

Sous le nom de *tezaggalt*, les Touareg désignent une maladie contre laquelle ils ne connaissent aucun remède et qui paraît être la pierre.

Ils contiennent les hernies *(amoketès)*, qui sont très fréquentes, au moyen de bandages.

Contre les morsures ou piqûres des reptiles ou insectes venimeux, ils emploient la scarification ; dans les cas graves, on introduit la partie scarifiée dans le corps palpitant d'une chèvre ou d'un mouton égorgé pour la circonstance: la chair de la victime absorbe, croit-on, le poison.

Les Touareg sont sobres ; leurs repas se composent de galettes cuites dans le sable *(tadjella)*, d'une sorte de bouillie *(assing)*, de riz quand ils sont riches, et de viande fraîche ou séchée au soleil. Ils ne mangent ni poisson, ni volatile.

Ils vivent sous des tentes de même forme mais de plus petites dimensions que celles des Arabes, et disposées, comme elles, sur la circonférence d'un cercle dont le centre est occupé la nuit par les troupeaux. Ces tentes sont faites en peaux de zébu et de mouton ; elles constituent un abri fort insuffisant contre les ardeurs d'un soleil de plomb et les intempéries du Sahara.

Quelque peu confortable que soit cet abri, le Targui y naît, y vit, y meurt.

Nous avons vu qu'il n'y a pas de médecin chez les Touareg, il n'y a pas davantage de sage-femme. La femme Targuie, au moment de sa délivrance, est assistée par sa mère, par ses sœurs et par les autres femmes de la famille. Quand les choses se passent normalement, cette aide lui suffit ; dans le cas contraire, on laisse agir la nature et, trop souvent, l'enfant ou la mère ou même tous deux succombent.

La naissance d'un enfant, quel que soit son sexe, est l'occasion d'une fête et d'un repas qui ont lieu sept jours après et auxquels sont conviés la famille et les amis.

L'enfant est allaité par sa mère et celle-ci ne renonce à ce devoir que si elle y est contrainte par une impossibilité matérielle absolue.

Les garçons sont circoncis quand ils commencent à marcher ; une nouvelle fête est donnée à cette occasion.

Les enfants des deux sexes sont élevés et instruits par leur mère. Le mariage seul sépare celle-ci de ses filles.

Quand le jeune garçon a atteint l'âge du jeûne, soit environ quatorze ans, il suit son père dans ses voyages, quelquefois même dans ses expéditions, mais quelle que soit sa valeur, quelque service qu'il ait pu rendre, il n'est pas admis dans le conseil de la tribu avant un certain âge qui est à peu près celui de notre majorité, et il ne quitte la tente paternelle qu'au moment de son mariage.

Aussi, la formule par laquelle on annonce un mariage est-elle, le plus souvent :

« *Un tel et une telle ont monté leur tente* », ou bien :

« *Une nouvelle tente est celle de un tel ; il y a amené* » *une telle.* »

Le mariage ne se contracte qu'à l'âge où il peut être effectif ; les Touareg ne marient pas, comme les Arabes, des enfants non nubiles appelés à ne cohabiter qu'après un temps plus ou moins long. Ordinairement, même, l'homme ne se marie guère avant 28 ou 30 ans, la femme avant 18 ou 20.

La demande en mariage est faite, au père de la jeune fille, par un marabout ou un homme considéré, qu'il soit ou non l'ami des deux familles.

Le futur constitue une dot dont le minimum est fixé par les usages particuliers à chaque tribu. Dans l'Ahnet, ce minimum est de « *six chameaux, une négresse et un* » *vêtement complet* ». — Je reproduis textuellement la réponse qui m'a été faite quand j'ai demandé ce renseignement. — Suivant sa fortune, le fiancé est libre d'ajouter au minimum fixé par l'Ada, des troupeaux, des étoffes, des bijoux, etc. Le tout est remis, le jour même du mariage, au père ou à la mère de la jeune fille.

Le mariage se contracte, soit devant l'Alem, dans les tribus où ce magistrat existe, soit, à son défaut, devant trois notables au moins.

Les fêtes données à cette occasion ont beaucoup d'analogie avec celles qui accompagnent les mariages arabes. La fiancée, si sa demeure est proche, est amenée à la tente nuptiale, à pied, par les femmes des deux familles. Si le trajet est long, il se fait à dos de mehari : la fiancée et toutes les femmes de sa famille prennent place dans les palanquins *(tihadad* — en arabe *bassour) ;* les hommes, à pied, conduisent les montures.

La marche est calculée de manière à ce que le cortège arrive à la tente du mari à l'instant du dohor (une heure après-midi) ; à ce moment, on tire quelques coups de fusil.

On a choisi, d'avance, un terrain plat et découvert. Les femmes de la tribu, parées de leurs plus riches costumes, se réunissent sur un point.

Les plus jolies parmi les jeunes filles nubiles forment au milieu d'elles un groupe à part, et on leur donne un nom fort gracieux : *tamenoukalen,* les petites reines.

Les hommes, montés sur leurs mehara, défilent devant elles par deux, par quatre, par six, etc., à diverses allures, mais sans brûler de poudre. Cette fantasia dure jusqu'au coucher du soleil. A ce moment, tous les hommes se réunissent, font face au groupe des femmes et tirent d'abord une salve, puis, chacun trois ou quatre coups de feu, sans se régler les uns sur les autres.

Enfin, un plantureux repas est servi aux assistants.

Ces fêtes, suivant la fortune de ceux qui en font les frais, durent de un à sept jours.

Le mariage accompli, quel est le sort de la femme ? M. Duveyrier, qui a vécu pendant deux ans au milieu des Azgueur, nous le dit en ces termes :

« *S'il est un point par lequel la Société Targuie diffère*
» *de la Société Arabe, c'est par le contraste de la*
» *position élevée qu'y occupe la femme, comparée à*
» *l'état d'infériorité de la femme Arabe.*

» *Chez les Touareg, la femme est l'égale de l'homme,*
» *si même, par certains côtés, elle n'est dans une con-*
» *dition meilleure.*

» *Jeune fille, elle reçoit de l'éducation.*

» *Jeune femme, elle dispose de sa main, et l'autorité*
» *paternelle n'intervient que pour prévenir les mésal-*
» *liances.*

» *Dans la communauté conjugale, elle gère sa fortune*

» *personnelle, sans être jamais forcée de contribuer*
» *aux dépenses du ménage si elle n'y consent pas ; aussi*
» *arrive-t-il que, par le cumul des produits, la plus*
» *grande partie de la fortune est entre les mains des*
» *femmes...*

» *Dans la famille, la femme s'occupe exclusivement*
» *des enfants, dirige leur éducation.*

» *Les enfants sont bien plus à elle qu'à son mari,*
» *puisque c'est son sang et non celui de l'époux qui leur*
» *confère le rang à prendre dans la société, dans la*
» *tribu, dans la famille.*

» *En dehors de la famille, quand la femme s'est*
» *acquis, par la rectitude de son jugement, par l'in-*
» *fluence qu'elle exerce sur l'opinion, une sorte de*
» *réputation, on l'admet volontiers, quoique exception-*
» *nellement, à prendre part aux Conseils de la tribu.*
» *Libre de ses actes, elle va où elle veut, sans avoir à*
» *rendre compte de sa conduite, pourvu que ses devoirs*
» *d'épouse et de mère de famille ne soient pas négligés.*

» *Son autorité est telle que, bien que la loi musulmane*
» *permette la polygamie, elle a pu imposer à l'homme*
» *l'obligation de rester monogame, et cette obligation*
» *est respectée sans aucune exception...* »

A en croire les Touareg de l'Ouest qui ont pu être interrogés à ce sujet, l'influence de la femme serait moins puissante dans leur confédération que chez les Azgueur : jamais une femme n'y serait admise à donner son avis dans les Conseils de la tribu ; l'homme serait le maître, le chef de la communauté et même, dans certaines circonstances, il ferait sentir assez brutalement son autorité. Il est permis de se demander si, dans ces allégations, il n'y a pas plus de forfanterie que de vérité : l'homme est le même dans toutes les Sociétés et, quand il subit l'ascendant du « *sexe faible* », le respect humain l'empêche toujours d'en convenir.

La très grande liberté laissée aux femmes, et même

aux jeunes filles qui vont seules, fort loin, faire des visites à leurs adorateurs, qui tiennent des espèces de cours d'amour, sans que personne songe à trouver la chose choquante, sans que cela nuise à leur établissement ; cette liberté a-t-elle une influence fâcheuse sur la pureté des mœurs ? M. Duveyrier émet quelques doutes à cet égard : à l'époque où il était à R'adamès, le campement extra muros dont il a été question dans la description de cette ville était peuplé de Targuies. Les Touareg de l'Ahnet ont, ou tout au moins affectent d'avoir, une haute idée de la vertu de leurs femmes ; cependant, quelques jours après m'avoir donné sur leur compte les renseignements les plus élogieux, l'un de nos prisonniers recevait, de son frère, une lettre qui lui donnait, hélas ! un cruel démenti : sa femme n'avait même pas pris la peine d'aller consulter Idebni ; elle avait à sa portée deux... informateurs.

L'infidélité conjugale est un motif de divorce, sans préjudice, bien entendu, du droit que confère l'Ada à tout mari outragé de venger son honneur à sa guise.

Le divorce, qui est assez rare, est prononcé par l'Alem dont l'intervention n'est pas obligatoire, ou par quatre arbitres (deux pour chacun des époux) qui jugent après avoir entendu les parties et leurs témoins.

Si le divorce est la conséquence des torts du mari, la dot qu'il a constituée au moment de la célébration du mariage reste acquise à la femme ; dans le cas contraire, celle-ci doit la restituer.

La femme divorcée ne peut se remarier qu'après une attente légale dont la durée est fixée à trois mois seulement.

Le Targui ne craint pas la mort ; quand il sent approcher sa fin, il réunit autour de lui sa femme, ses enfants, ses parents, et leur adresse ses dernières recommandations, puis, conformément aux principes religieux, qu'il a peut-être un peu négligés au cours de sa vie aventureuse, mais qu'il se rappelle au moment suprême, il prononce le *touhid*. (Il n'y a de Dieu que Dieu, Mohammed est son Prophète) ou, s'il n'en a plus la force, il lève l'index de la main droite en témoignage de sa foi, et rend le dernier soupir.

Le corps est aussitôt lavé à l'eau chaude, puis cousu dans un linceul neuf dans lequel on introduit quelques aromates, quand la fortune du défunt le permet.

La fosse qui doit le recevoir est creusée, comme celle des Arabes ; le corps y est placé couché sur le flanc droit, la face tournée dans la direction de la Mecque ; deux *chouahed* (témoins) en pierre, ou en bois si la pierre fait défaut, sont placés, l'un à la tête, l'autre aux pieds. Dans l'Ouest, le nom du défunt est gravé ou peint sur le premier.

Après avoir recouvert le corps de terre, on récite quelques prières et, avant de se séparer, les assistants prennent en commun un repas funèbre.

La succession du défunt est ouverte aussitôt après son décès. Elle est réglée sans délai, par l'Alem ou par la Djemâa, d'après les principes suivants :

Avant toute chose :

I. — Les habbous sont prélevés ;

II. — Un sixième de la succession (habbous déduits) revient à la veuve, ou à la mère de la femme qui a précédé son mari dans la tombe ;

Les cinq sixièmes restants (et la totalité de la succession, si la femme et la belle-mère sont décédées) sont répartis, savoir :

III. — Par parts égales entre les enfants, si le défunt n'a laissé que des fils ;

IV. — A raison de deux parts pour chacun des garçons et d'une part pour chacune des filles, s'il y a des enfants des deux sexes ;

V. — Si l'homme meurt sans enfant, à raison de deux parts pour chacun de ses frères et d'une part pour chacune de ses sœurs ;

VI. — Si les frères et sœurs sont décédés, les enfants

des sœurs héritent seuls, à raison de deux parts pour chacun des garçons et d'une part pour chacune des filles ;

VII. — La femme a pour héritier son mari ;

VIII. — Si elle était veuve, sa fortune revient à ses enfants ;

IX. — Si elle était veuve sans enfant, à son père ;

X. — Si son père est décédé, à sa mère ;

XI. — A défaut de ses ascendants directs, à ses sœurs et à ses frères ;

XII. — Si ses sœurs et frères sont décédés, aux enfants de ses sœurs et, subsidiairement, à ceux de ses frères.

Le partage entre les enfants, frères, sœurs, neveux et nièces de la femme défunte se fait d'après les règles énoncées précédemment ;

XIII. — Si, après le partage, il reste un meuble ou immeuble qui ne puisse se diviser, un chameau par exemple, il devient la propriété collective et proportionnelle de tous les héritiers, à moins que l'un de ceux-ci ne le rachète à la succession, ce qui se fait le plus souvent.

Tel est le Kanoun de la Confédération de l'Ahnet ; il est probable qu'il est le même que celui des Hoggar dont dépendaient politiquement, il y a peu d'années encore, Sidi Ould Guerradji et ses clients.

Chez les Azgueur, d'après M. Duveyrier, les choses se passent autrement :

On distingue deux sortes de biens transmissibles par héritage : les biens légitimes et les biens d'injustice.

Les biens légitimes sont ceux qui ont été acquis par le travail individuel et dont la possession est sacrée : l'argent, les armes, les esclaves achetés, les troupeaux, les récoltes, les provisions. Ils sont partagés par parts égales entre tous les enfants, sans distinction d'âge ni de sexe.

Les biens d'injustice sont ceux qui ont été conquis les armes à la main, collectivement, par tous les membres de la famille, ceux dont la possession ne repose que sur le droit du plus fort : les droits perçus sur les caravanes et les voyageurs, les droits de protection payés par les raïa, la ghefara payée par les imr'ad, les droits territoriaux et, enfin, le droit au commandement. Ces droits, qui sont l'apanage de la noblesse, reviennent, par droit d'aînesse, sans division ni partage, au fils aîné de la sœur aînée du défunt.

« *Sans division*, ajoute M. Duveyrier, *sur une tête*
» *unique, mais sans possibilité d'aliéner, afin de con-*
» *server au chef de la famille, et à la famille elle-*
» *même, les moyens matériels de maintenir son influence*
» *et sa prépondérance ;*
» *Au fils aîné de la sœur aînée, pour assurer,*
» *contre toute éventualité, la transmission du sang, la*
» *conservation de la tradition familiale, à la tête des*
» *tribus.* »

Le rapide coup d'œil que nous venons de jeter sur les mœurs, coutumes et institutions des Touareg démontre clairement que ces « *pirates du désert* », comme on les appelle dans le bon public, sont fort loin d'être des sauvages : ils ont une civilisation qui n'est pas la nôtre sur certains points, qui est moins avancée sur certains autres, mais ils en ont une. Tous savent lire et écrire, tous ont, en astronomie, des connaissances relativement étendues et qui leur sont indispensables dans leurs incessants voyages. Beaucoup savent énoncer, dans de courtes phrases, des idées délicates, comme ce prisonnier, Mastan, qui, sorti de l'hôpital du Dey où il avait été traité pour la variole, écrit à la religieuse qui l'a soigné et qu'il appelle Fathma : « *Je salue Fathma,*
» *celle qui m'a soigné. Que Dieu augmente ton bien.*
» *Nous tous, les captifs, nous vous saluons toi et les*
» *tiens, le bien que tu m'as fait tu l'as fait à nous tous;*

» *et nous ne l'oublierons pas quand nous serons de*
» *retour dans notre pays.* » Dans le texte en tamahaq,
tout cela tient en 26 mots. Quelques-uns sont poètes,
comme Bedda ag Idda, le collaborateur du Général
Hanoteau, qui, prié de tracer un specimen d'écriture
tamacheq sur l'album d'une jeune fille d'Alger, lui
tourne, en quatorze vers, le madrigal suivant:

« *Ton nom, Angelina, a produit dans mon âme un*
» *amour qui ne s'éteindra pas, et pour ton amour j'irais*
» *jusqu'en France. Ton œil tue par son éclat et prive de*
» *raison le cœur de l'homme. Si l'on pouvait t'assigner*
» *une valeur, je donnerais pour toi six mille pièces*
» *d'or; pour toi je donnerais mon cheval. Celui qui te*
» *possèdera trouvera un doux sommeil.*
» *Avant que cette jeune fille eût atteint l'âge nubile,*
» *nous pensions que la gazelle ne prenait pas la forme*
» *humaine, et cependant cette année nous avons vu ce*
» *prodige. Si cette jeune fille venait dans nos pays de*
» *plaine, il n'est pas un homme qui n'accourût pour la*
» *voir.* »

La langue que parlent les Touareg est la langue berbère : malgré les différences qui existent dans ses divers dialectes, Azgueur, Hoggar, Kel Ouï, Ouelimmiden, Kabyles et Chaouïa se comprennent quand ils le veulent; du reste, des inscriptions en caractères tamacheq ont été trouvées aux environs d'Aumale, et on peut en voir deux curieux spécimen à Aïn-Bessem.

Nous savons déjà que, suivant les dialectes qu'ils parlent, les Touareg qualifient leur langue de tamacher't, tamahaq, tamajer't ou tamazir't. Or, sur la route de Tizi-Ouzou à Fort-Napoléon, on rencontre un village qui porte le nom de *Tamazir't*, abréviation de « *taddert tamazir't — la ville berbère* ». C'était là probablement le nom primitif de la localité ; l'usage a fait disparaître le premier mot et il reste *Tamazir't* : la berbère.

Le dialecte tamacheq est parlé par les Ouelimmiden de l'Adr'ar'; le dialecte tamahaq par les gens de l'Ahnet. Les caractères se nomment *tifinar'* ; nous ne les connaissons que depuis quarante-six ans.

En 1845, M. le Capitaine d'artillerie Boissonnet, Directeur des Affaires Arabes de la Province de Constantine, aujourd'hui Général de Division du cadre de réserve, inséra, dans la *Revue Asiatique*, cet alphabet jusque-là inconnu et qu'il tenait d'un taleb du Touat.

En 1858, le Capitaine du génie Hanoteau, Adjoint au Bureau Politique des Affaires Arabes, actuellement Général de Brigade en retraite, publia, à la suite d'un *Essai de Grammaire Kabyle*, quelques exemples d'inscriptions et d'écriture.

Deux ans plus tard, en 1860, ce même officier, devenu Chef de Bataillon et Commandant Supérieur du Cercle de Drâa-el-Mizan, fit paraître, sous le titre modeste de *Essai de Grammaire de la langue tamachek'*, un ouvrage très complet. C'est le seul qui existe; il a été édité à l'Imprimerie Impériale et, malheureusement, l'édition est entièrement épuisée. Il serait à désirer qu'on pût procéder à une réimpression qui, au moment où les évènements nous poussent dans le Sahara, rendrait les plus grands services, notamment aux officiers des Affaires Arabes qui seront appelés à commander nos postes avancés.

En 1864, M. Duveyrier donna un nouvel alphabet.

Enfin, en 1888, les prisonniers du Hassi In Ifel ont fait connaître les tifinar' employées dans le dialecte Tamahaq qu'ils parlent; les voici :

1° LETTRES SIMPLES

NOMS des Tifinar'	FORMES	AUTRES FORMES DONNÉES PAR		LETTRES ÉQUIVALENTES		OBSERVATIONS
		le Commandant Hanoteau	M. Duveyrier	En Français	En Arabe	
Tarerit	·			a, e, i, o, ou	ا	Support de voyelles.
Yab	⊖ ⊞		▨	b	ب	
Yet	+			t	ت	
Yakh	∷			kh	خ	
Yeg	⋈		⧸	g dur	ق	
Yed	∨ ⊔			d	د	Les branches toujours perpendiculaires au sens de l'écriture.
Yem	⊐			m	م	Les branches toujours parallèles au sens de l'écriture.
Yer	□ ○			r	ر	
Yes	⊡ ⊙			s	س	
Yej	⚹	ÏH	✕	j	ز ..	* A la rigueur ج mais cette lettre a une équivalente plus exacte qui est ï
Yez	✕	⚹		z	ز	
Yezz	#			zz	زّ	
Yadh	Ǝ			dh	ظ ض	
Yaï	3 ⋛ ⋞		⋜	i, y	ي	
Yaq	⋮	∴		q	ف	} Ces deux lettres se confondent.
Yar'	⋯	∴		r' grasseyé	غ	
Yaf	Ⅱ H			f	ف	
Yadj	ï			dj	ج	
Yak	∵			k	ك	
Yech	⫪⫫			ch	ش	
Yel	‖			l	ل	
Yen					n	ن	Doublée, cette lettre s'écrit || ou /| pour n'être pas confondue avec la précédente.
Yah	⁞			h faible	ه	
Yaou	·			ou	و	

A l'exception du *yem* ⊐ et du *yed* ⊔V, qui cependant peuvent prendre les positions ⊏ et ⊓∧, toutes ces lettres *(tifinar')* s'écrivent dans tous les sens ⊓ ш E Ǝ.

Les lettres arabes ت *(tsa)* ح *(hha)* ذ *(dzal)* ط *(t'a)* ص *(sâd)* ع *(âïn)*, qui n'ont pas d'équivalentes en français, n'en ont pas non plus en tamahaq.

2° LETTRES COMPOSÉES

NOMS des TIFINAR'	FORMES	AUTRES FORMES DONNÉES PAR le Commandant Hanoteau	LETTRES ÉQUIVALENTES		OBSERVATIONS
			En Français	En Arabe	
Yabt	⊞]	+⊟	bt	بت	Réunion du ⊞ et du +
Yegt		⋈	gt	قت	— ⋈ — +
Yemt	⊟	⊟	mt	مت	— ⊐ — +
Yert	⊞ ⊕	⊞	rt	رت	— ☐ ○ — +
Yest	⊞ ⊕	⊞	st	ست	— ☐ ☉ — +
Yejt		ǂ	jt	جت	— ï — +
Yezzt		♯	zzt	زّت	— ♯ — +
Yodht	⊟		dht	ضت	— Ǝ — +
Yaft	]⊢[		ft	فت	— ⫛ — +
Yecht		+⊟	cht	شت	— ⊟ — +
Yelt	⊢⊣	[+]	lt	لت	— ‖ — +
Yent	T	†	nt	نت	— │ — +
Yenk	⁞	⁞	nk	نك	— │ — ∵

M. le comte de Lewenhaupt, Capitaine au 21ᵉ régiment d'infanterie suédoise, qui sert en ce moment au 1ᵉʳ zouaves et à qui je montrais dernièrement cet alphabet, a été frappé de la similitude de ses caractères avec ceux de l'ancien alphabet scandinave, que je dois à son obligeance de pouvoir placer sous vos yeux :

NOMS des LETTRES	FORMES	VALEUR	NOMS des LETTRES	FORMES	VALEUR
Frei	ᚡ	F. Fr.	Is	ᛁ	I. E.
Ur	ᚢ	U. V. A° (A° = O)	Ar	ᚴ	A. A°
Thor	ᚦ	Th. D.	Sol	ᛋ	S.
Os	ᚯ	O.	Tyr	↑	T. D.
Reder	R	R.	Bjarkal	ᛒ	B. P.
Kön	ᚴ	K. G.	Lager	ᛚ	L.
Hâgel	ᚼ	H.	Madur	ᛘ	M.
Nöd	ᚿ	N.	Ör	ᛦ	Ö. R.

La langue tamahaq s'écrit dans tous les sens : de droite à gauche, de gauche à droite, de haut en bas, de bas en haut. On a dit que les Touareg écrivaient en boustrophedon, c'est-à-dire alternativement de droite à gauche et de gauche à droite, de manière à former une ligne d'écriture continue décrivant une ou plusieurs courbes. L'expression n'est pas tout à fait exacte, en ce sens qu'elle implique l'idée d'une régularité qui n'existe qu'exceptionnellement. Ils écrivent devant eux, faisant tourner leur papier quand ils arrivent au bord, et continuant ainsi jusqu'à ce qu'ils aient terminé une première phrase. Ils commencent la seconde n'importe

— 179 —

où : au-dessus, au-dessous, à droite ou à gauche de la première ; ils écrivent dans le même sens, ou en sens inverse ; puis, s'il reste des blancs et qu'ils aient quelque chose à ajouter, ils l'y intercalent, sans se préoccuper des enchevêtrements qui en résultent. Aussi, pour peu qu'une lettre soit longue, faut-il une grande attention pour en découvrir le point initial et en relier les phrases entre elles (1).

Ce n'est pas la seule difficulté que rencontre le traducteur :

Pas plus qu'en arabe, il n'y a de voyelles, ni de ponctuation ;

Les mots ne sont pas séparés les uns des autres ;

L'orthographe n'a rien de fixe ;

Quand un mot commence par la lettre qui termine le mot précédent, il arrive souvent qu'on supprime l'une des deux.

Il en résulte qu'on obtient quelquefois des traductions qui n'ont aucun rapport avec le texte ; en voici un exemple :

Les prisonniers de Bab-Azoun avaient écrit :

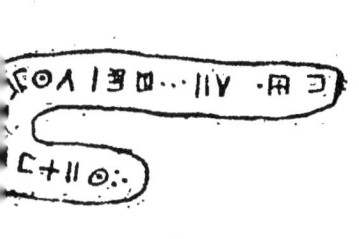

et ils avaient ajouté d'autres phrases dans les blancs du papier.

---

(1) Voir à la fin du volume quelques fac-simile de lettres en tamahaq.

Les sept lignes parallèles sont à peu près semblables : « *Ceci, moi, Moumen, disant : je salue tous les chefs du Mzab* » est-il écrit en tête ; les autres lignes n'ont guère de différent que le nom de l'écrivain.

Quant aux mots écrits en dehors, le premier traducteur, les prenant pour une phrase isolée, les avait expliqués ainsi :

⊐	*ma*	Quoi
⊞	*idati*	passe avant
‖ ∧	*ieddel*	il joue
⫼ ···	*iekkel*	il s'engraisse
⌶	*ietedhen*	il fait pâturer
○∨	*edis*	dans le voisinage
⫞	*iouf*	il surpasse
⎪⋜	*ien*	un
∧	*ed*	ici
+⊐	*immet*	se meurt
⊙ ‖	*ales*	homme
·⫶	*ek*	chaque

Qu'y a-t-il de meilleur que de jouer, de s'engraisser, d'aller faire pâturer, de surpasser les autres. Ici, chacun se meurt.

Or, ces mots n'étaient que la suite des sept premières lignes auxquelles ils tenaient par une sorte d'accolade :

« *Moi, X..,, je salue tous les chefs du Mzab* » :

·⊞ ⊐	*Madata,*	le Commandant,
∧	*ed,*	et
⌶⫼··· ‖	*el qobdhtan,*	le Capitaine
∧	*ed,*	et
⎪⋜⫞○	*Soffian,*	l'Officier (le Lieutenant)
∧	*ed,*	et
·⫶○‖+⊐	*Motileski*	Motylinski (l'interprète).

Les Touareg de l'Ahnet, quand ils tiennent à être

compris, isolent leurs mots par un trait continu ou par des boucles, ce qui facilite considérablement la lecture et la traduction. Voici un exemple des différents modes de séparation en usage :

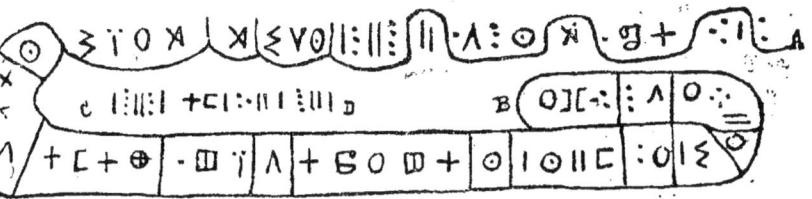

Cet exemple va nous servir à analyser une lettre, car c'est une lettre qui commence en A et finit en B. La ligne C — D est un *post-scriptum*.

⁚	*Oua*	Ceci
|⁚•	*nek*	moi
+⌐	*Tachcha*	(nom propre)
⋈	*ag*	fils de
O⁞V⁚	*Ser'ada*	(nom propre)
⟍|	*innan*	disant
⁞||⁞|	*houlr'in*	je salue
O∧⋛	*Sidi*	(Ici Sidi n'est pas le mot monsieur, c'est un nom propre)
⋈	*ag*	fils de
⋈O⁚⋛	*Guerradji*	(nom propre)

(Presque toutes les lettres commencent par cette formule).

O	*as*	pour que
+X⋛∧	*tezid*	tu saches
+⌐+⊕	*tamatart*	la marque :
•⊞⁞	*abedj*	le bracelet
∧	*ed*	et
+⌐O⊞+	*ticherbit*	la ceinture (ou le turban)

— 182 —

Les lettres ne sont jamais signées : leur authenticité s'établit au moyen d'un signe de reconnaissance *(tamatart)* qui consiste : soit, comme c'est ici le cas, dans la citation d'un fait connu seulement de l'écrivain et du destinataire de la lettre et qui n'a pas toujours besoin d'être raconté par le menu : Rappelle-toi le turban et le bracelet (que tu m'as donnés, ou que nous nous sommes disputés, etc.); soit en lettres parasites, soit en fautes d'orthographe grossières et intentionnelles.

O	*as*	pour que (je t'écris pour que tu saches que)
IO II ⊏	*nesellem*	je suis sain et sauf (mot arabe)
:O	*our*	ne pas
I⋜	*ni*	nous avous vu
O	*ar*	si ce n'est
II ∷O	*el kheir*	le bien (mot arabe)
Λ:	*der'*	chez
:·][O	*koufar*	les Infidèles.

La phrase est complète, mais il reste un peu de place et Tachcha, qui est jeune et galant, ajoute (ligne C — D) :

I: II :I	*nehoulr'in*	Je salue
+⊏I:· II I	*tamenoukalen*	les petites reines
: II I	*houllan*	beaucoup.

Il est très rare qu'une lettre soit datée; quand elle l'est, comme les Touareg n'ont pas de caractères pour exprimer les chiffres, on trouve, intercalée dans le texte, une phrase comme celle-ci :

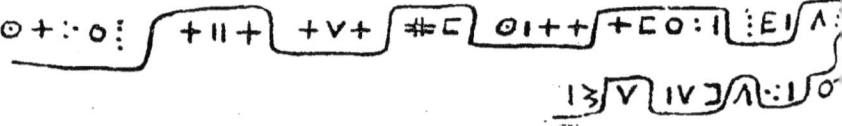

O+:·O⁞	*astekrah*	il s'est écoulé	
+‖+	*tallit*	(du) mois.......	
+V+	*toudout*	commencé	*(Ramdan)*
#⊏	*azzoum*	(du) jeûne......	
O⏐++	*senatet*	deux	
+⊏O⁝⏐	*temarouin*	dizaines } vingt..	
⁞E⏐	*ihadhan*	(de) nuits	
Λ⁞	*der'*	à	
VX≶O	*Dezaïr*	Alger	Vingt et une nuits
⏐⁝•	*nek*	moi	
V	*ed*	et	
⊏Λ⏐	*midden*	les hommes	
Λ	*ed*	et	
≶⏐	*yen*	une	

C'est-à-dire : « *Depuis que, les hommes et moi, nous sommes à Alger, il s'est écoulé 21 nuits du mois de Ramdan.* » La lettre a donc été écrite le 22 Ramdan, ou, pour parler en tamahaq, le 22 de Tallit Azzoum.

Les Touareg écrivent peu, leurs lettres sont d'une concision qui nuit souvent à leur clarté, mais ils ont autre chose à faire.

Les femmes, déchargées par leurs esclaves des travaux du ménage, ont plus de temps à consacrer à la culture de leur esprit : aussi sont-elles, en général, plus instruites que les hommes ; elles sont les véritables institutrices de leurs enfants.

Si pauvre que soit la littérature targuie, le Général Hanoteau en a recueilli plusieurs morceaux. Je lui emprunterai seulement deux fables qui ne dépareraient pas l'œuvre de Lafontaine :

LE LEVRIER ET L'OS

Un levrier trouva un os et se mit à le ronger. L'os

*lui dit : « Je suis bien dur. » A quoi le levrier répondit :
« Sois tranquille, j'ai le temps, je n'ai rien à faire. »*

LE LION, LA PANTHÈRE, LA TAHOURI ET LE CHACAL

(La tahouri est une variété de hyène commune dans le Sahara et le Soudan).

Un lion, une panthère, une tahouri et un chacal étaient camarades. Un jour qu'ils chassaient ensemble, ils trouvèrent une brebis et la tuèrent. Le lion prit la parole et dit : « Qui de nous partagera ces chairs ? » — « Ce sera, lui dit-on, le chacal, qui est le plus petit de nous tous. » Le chacal fit donc le partage, divisa les chairs en quatre parts et dit : « Que chacun vienne enlever sa part. »

Le lion vint et dit au chacal : « Où est ma part entre celles-ci ? » Le chacal répondit : « Elles sont toutes semblables ; prends celle qui te plaira. » — Chacal, riposta le lion, tu ne t'entends pas à faire un partage ! » Puis il le frappa et le tua.

Le chacal étant mort, on chercha qui pourrait faire le partage des viandes. La tahouri leur dit : « Ce sera moi. » Elle mêla les chairs de la brebis avec celles du chacal, recommença le partage et fit six parts. Ce que voyant le lion, il lui dit : « Nous sommes trois, pourquoi six parts ? » La tahouri lui répondit : « La première part est celle du lion, la deuxième est pour toi, notre chef, et la troisième est pour « les yeux rouges » (surnom du lion). »

« Qui t'a enseigné cette manière de partager ? » demanda le lion. — La tahouri répondit : « Le coup qui a tué le chacal. »

Il manque à cette esquisse de la société targuie un renseignement important : quelle est la force de résistance que ce peuple est en mesure de nous opposer ? en d'autres termes quel est l'effectif de ses combattants ? —

On n'en sait rien, les Touareg n'ont jamais rien pu, ou voulu dire de sérieux à cet égard. Guerriers, ils le sont tous, mais la nature et l'étendue du pays qu'ils occupent, l'obligation de garder leurs campements disséminés sur d'immenses espaces, les rivalités qui les divisent, l'armement archaïque dont ils disposent permettent d'affirmer que si, par nif (par amour-propre), ou par ignorance, ils essaient une journée de poudre, il est peu probable que le résultat leur donne l'envie de renouveler l'expérience.

Obligés, par notre voisinage immédiat, à renoncer au brigandage, ils redeviendront de paisibles convoyeurs, en attendant que, les instincts sédentaires de la race Berbère dont ils font partie reprenant le dessus, ils arrivent à se fixer sur un sol dont nous leurs aurons appris à connaître les ressources.

CONCLUSION

Pas plus du côté des Touareg que de celui du Maroc ou de la Tripolitaine, la France ne peut donc rencontrer, dans le Sahara, d'obstacle sérieux, et rien ne saurait l'empêcher de reprendre sa devise d'autrefois : « *En avant !* »

LETTRES
EN LANGUE TAMAHAQ

NEUF LETTRES EN LANGUE TAMAHAQ

Il m'a paru intéressant de joindre, au travail qu'on vient de lire, quelques spécimens de lettres en langue tamahaq.

Ces lettres, qui émanent les unes des prisonniers du Hassi In Ifel, les autres de leurs parents ou compatriotes, ont été calquées servilement sur les originaux, que j'ai choisis de façon à présenter le plus possible d'écritures différentes.

Les fautes d'orthographe ou d'écriture, intentionnelles ou non, les lacunes ou omissions, etc., ont été scrupuleusement respectées.

Quant aux transcriptions et traductions, elles sont œuvres de débutant et renferment probablement bien des imperfections; je les donne seulement à titre d'indication générale, en demandant de nouveau, pour elles, toute l'indulgence de mes lecteurs.

H. B.

B

D

F

E

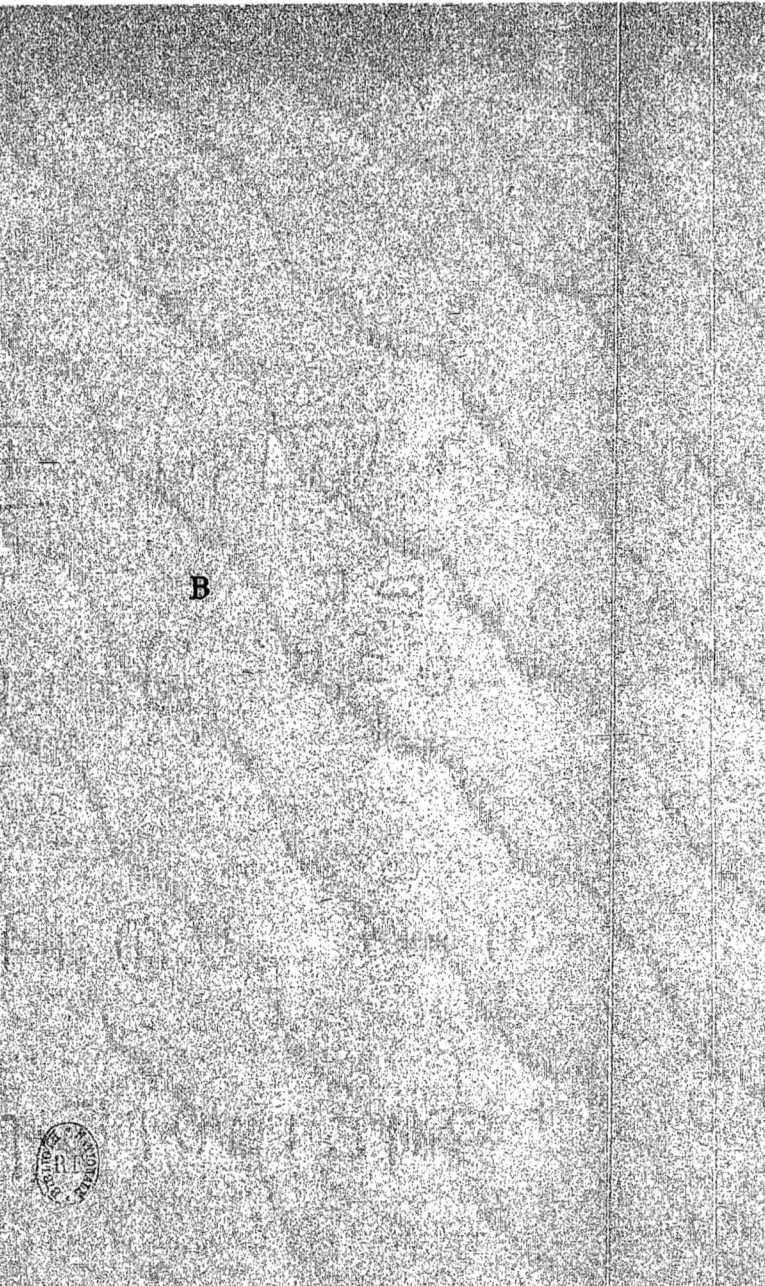

F

E

B

I

LETTRE ÉCRITE AUX TOUAREG INTERNÉS AU FORT BAB-AZOUN, PAR LA FEMME TIHEMT, FILLE D'HAMOUD.

Cette lettre, parvenue à Alger vers le milieu d'octobre 1888, contient trois phrases qui doivent se lire ainsi, correction faite des fautes d'orthographe ou d'écriture qui s'y sont glissées ou qui y ont été intentionnellement introduites :

A-B. — *Tihemt ouelt Amoud tanet houlr'in Aggour. Adounet daren medan : Chikkadh, ed Chaoua, Semana, Tinaqor, R'icha, Kounsi ed Fadhtimata.*

C-D. — *Houlr'in Tachcha, ed Mastan, Kenan, Moumen.*

E-F. — *Tihemt tanet houlr'in Chikkadh. Annas adounet sellamin, daren medan. Tedar Tifist ed Kheta ed Taqoua ed Biben Kella.*

MOT A MOT

Tihemt, fille d'Hamoud, disant : Je salue Aggour. Les gens vivants tous : Chikkadh et Chaoua, Semana, Tinaqor, R'icha, Kounsi et Fatimata.

Je salue Tachcha et Mastan, Kenan, Moumen.

Tihemt disant : Je salue Chikkadh. Dis-lui les gens sains et saufs vivants tous : Vivante Tifist, et Kheta, et Taqoua et Biben, Kella.

TRADUCTION

Moi, Tihemt, fille d'Hamoud, je salue Aggour. Tous les

tiens sont vivants, (savoir) : Chikkadh (1), Chaoua (2), Semana (3), Tinaqor (3), R'icha (3), Kounsi (4) et Fatimata (3).

Je salue Tachcha et Mastan, Kenan, Moumen.

Moi, Tihemt, je salue Chikkadh. Dis-lui (ô ma lettre) : Tous les tiens sont vivants et bien portants (savoir) : Tifist (5), Kheta (6), Taqoua (7), Biben (8) et Kella (9).

---

(1) Père
(2) Mère
(3) Sœurs
(4) Frère
} du prisonnier Aggour ag Chikkadh.

(5) Sœur
(6) Neveu
(7) Fille
(8) Fils
(9) Femme
} du prisonnier Chikkadh ag R'ali.

II

LETTRE DE KENAN AG TISSI, DE LA TRIBU NOBLE DES TAITOQ, NEVEU ET HÉRITIER DU CHEF DE LA CONFÉDÉRATION DE L'AHNET, AU CAPITAINE BISSUEL.

Cette lettre a été écrite, le 20 octobre 1888, au fort Bab-Azoun.

Les lettres auxquelles Kenan fait allusion avaient été écrites par les prisonniers, pour être envoyées à leurs familles ; celles-ci, de leur côté, avaient fait parvenir, aux captifs, des missives que, par prudence, l'Autorité Militaire avait cru devoir faire traduire avant de les remettre aux destinataires.

Les dessins grossiers qui se trouvent au-dessus des deux lignes d'écriture représentent : celui de gauche, un Targui armé en guerre, sur son mehari ; celui de droite, un mehari chargé d'un Tihadad (palanquin à l'usage des femmes).

Les deux lignes d'écriture doivent se lire ainsi (de A à B) :

Oua nek Kenan innan houlr'in el R'oftan ticherbit. Oumas allés! nehardek limana, abeded foulner'. Tira djelenet mer' animer? Isselan doussanin telour'a-danr'an.

MOT A MOT

Ceci, moi, Kenan, disant : Je salue le Capitaine turban. Sois homme! Nous nous connaissons d'amitié. Fais tes efforts sur nous. Les lettres parties ou pas encore ? Les nouvelles arrivées fais-les-nous savoir.

TRADUCTION

Moi, Kenan, je salue le Capitaine au turban (1). Sois homme ! tu es notre ami ; rends-nous service. Nos lettres sont-elles parties ? Fais-nous part des nouvelles qui sont arrivées.

---

(1) Qui m'a promis un turban.

III.

III

LETTRE ÉCRITE PAR SIDI AG GUERRADJI, AMR'AR (CHEF) DE LA CONFÉDÉRATION DE L'AHNET, AUX PRISONNIERS TOUAREG INTERNÉS AU FORT BAB-AZOUN.

—

Cette lettre, entièrement de la main de Sidi ag Guerradji, est l'une de celles dont Kenan, son neveu, demande qu'il lui soit donné communication (voir la lettre II).

Elle doit se lire ainsi (de A à B) :

Oua nek Sidi innan hoular'ounin temedam; Koudit tedarem, leqtetner' debbara; tat ha el féida : itatenedj ter'anem aner' iqef. Our tedjim idaouani ar ouan baradhin.

MOT A MOT

Ceci, moi, Sidi, disant : nous saluons vous tous ; si vous vivez, informez-nous état (1) ; dans elle (2) l'utilité : nous ferons dégager à nous la tête. Ne dites pas paroles si ce n'est celles de enfants.

TRADUCTION

Moi, Sidi, je dis : Salut à vous tous. Si vous êtes encore

---

(1) De votre état.
(2) « Dans elle », c'est-à-dire : dans l'information, l'utilité sera que, etc....

de ce monde, donnez-nous de vos nouvelles, afin de faire cesser nos préoccupations à votre sujet, mais ne nous écrivez pas d'enfantillages (1).

---

(1) Allusion aux passages des lettres écrites antérieurement par les prisonniers et où ceux-ci parlaient de leurs femmes ou fiancées.

IV.

IV

LETTRE D'AZZIOUEL AG SER'ADA, DE LA TRIBU NOBLE DES TAÏTOQ, A SES FRÈRES MASTAN ET TACHCHA, INTERNÉS AU FORT BAB-AZOUN, ET A LEURS COMPAGNONS DE CAPTIVITÉ.

Cette lettre, parvenue à Alger en même temps que la précédente, doit se lire ainsi (de A à B) :

Azziouel innan houlr'in Mastan ed Tachcha ed Kenan ed Moumen ed Ihndjou ed Aggour. Adounet sellamin medan. Our tarmir'em ouraq : ieqeder messiner' ; ked qeder meni idiedj. Tezzadert titoular'et.

MOT A MOT

Azziouel disant : je salue Mastan et Tachcha et Kenan et Moumen et Ihndjou (1) et Aggour. Les gens sains et saufs tous. Ne pas vous vous effrayez de cela ; l'avait décrété Notre Maître (2) ; Si il décrète, nous nous reverrons, nous nous rencontrerons. L'espérance la meilleure.

TRADUCTION

Moi, Azziouel, je salue Mastan, Tachcha, Kenan,

---

(1) Ihndjou est le sobriquet de Chikkadh Ag R'ali (le compagnon de Crampel).
(2) Dieu.

Moumen, Ihndjou et Aggour. Tout notre monde est en bonne santé. Ne vous effrayez pas de ce qui vous est arrivé : Dieu l'avait décrété. Si tels sont ses desseins, nous nous reverrons. L'espérance est ce qu'il y a de meilleur.

V

LETTRE ÉCRITE D'IN-SALAH, PAR TACHCHA AG SÉR'ADA (1), A SON FRÈRE MASTAN ET A SES COMPATRIOTES INTERNÉS AU FORT BAB-AZOUN.

Cette lettre était accompagnée d'une lettre arabe datée du 24 janvier 1889.

Elle doit se lire ainsi, suivant A B C D E F G :

Oua nek Tachcha innan houlrin Kenan ed Moumen ed Chikkadh ed R'bd es Sellam ed Bou Setta ed Mastan. As tezim tamatart : takerikera tin kerouadhan ; as adounet sellamin medan han El Ouadhtia ikessa. Ag Ahnet, bahou innin abat. Ihndjou Ag Ahar iddar. Our'irin ouadem oullien, Khemadan Messiner' ! ar abaradh ouan R'ali, Sidi, abat, ed ouan ed Agouam abat, ouan dheren. Ikhenoukhen our dioussi. Tiftnar' dider' Salakh edqenet neketeb. Adounet ouarin ar el Kheir medan.

Nek, Tachcha, Kenan, tatoub abadah, isseler'.

MOT A MOT

Ceci, moi, Tachcha, disant : je salue Kenan et Moumen et Chikkadh et Abd es Sellam et Bou Setta et Mastan. Pour que vous sachiez la marque : la boule celle que nous

---

(1) Tachcha ag Ser'ada, de la tribu noble des Taïtoq, et Aggour ag Chikkadh de la tribu serve des Kel Ahnet, avaient été faits prisonniers au Hassi In Ifel ; puis, à la fin de l'année 1888, renvoyés dans leur pays. On espérait ainsi entrer en rapports directs avec le chef de la confédération de l'Ahnet.

Il ont donné de leurs nouvelles en arrivant à In Salah, et n'ont plus écrit depuis.

avons cousue (1) : pour les gens sains et saufs tous dans El Ouadhtia il verdoie. Ag Ahnet, mensonge disant il est mort. Ihndjou fils de Ahar est vivant (2). N'est mort pas un seul d'entre eux, louange à notre Maître (3) ! si ce n'est un jeune garçon, celui de R'ali, Sidi, il est mort, et celui de Agouam, il est mort, celui le petit. Ikhenoukhen (4) n'est pas arrivé. Les lettres, celles-ci, à Salakh (5) là nous avons écrites. Les gens ne désirent pas si ce n'est le bien, tous.

Moi Tachcha, Kenan, fidèle toujours j'ai entendu (6).

TRADUCTION

Moi, Tachcha, je salue Kenan, Moumen, Chikkadh, Abd es Sellam, Bou Setta et Mastan. Comme signe de reconnaissance entre nous, rappelez-vous la boule que nous avons cousue. Nos compatriotes, sains et saufs, sont à El-Ouadhtia où il y a beaucoup de pâturages. La nouvelle de la mort d'Ag Ahnet est fausse, Ihndjou ag Ahar est vivant aussi. Il n'est mort aucun des nôtres (Louange à Dieu !) si ce n'est le jeune Sidi, fils de R'ali, et le plus jeune des fils d'Agouam. — Ikhenoukhen n'est pas encore arrivé.

Nous avons écrit ces lettres à In Salah ; tout le monde désire la paix.

Moi, Tachcha, j'ai entendu dire, Kenan, que ta femme t'est toujours fidèle.

---

(1) Il s'agit d'une balle, faite avec des chiffons, avec laquelle les prisonniers jouaient entre eux sur l'une des terrasses du fort Bab-Azoun.

(2) Ihndjou (ou Chikkadh) Ag Ahar, qui avait disparu après le combat du Hassi In Ifel, passait pour mort de soif dans le Sahara.

(3) Dieu.

(4) L'un des frères cadets de Kenan, qui devait venir au-devant de Tachcha à In-Salah.

(5) In-Salah.

(6) Tachcha rassure, à mots couverts, son cousin Kenan qui est marié, sur la fidélité de sa femme.

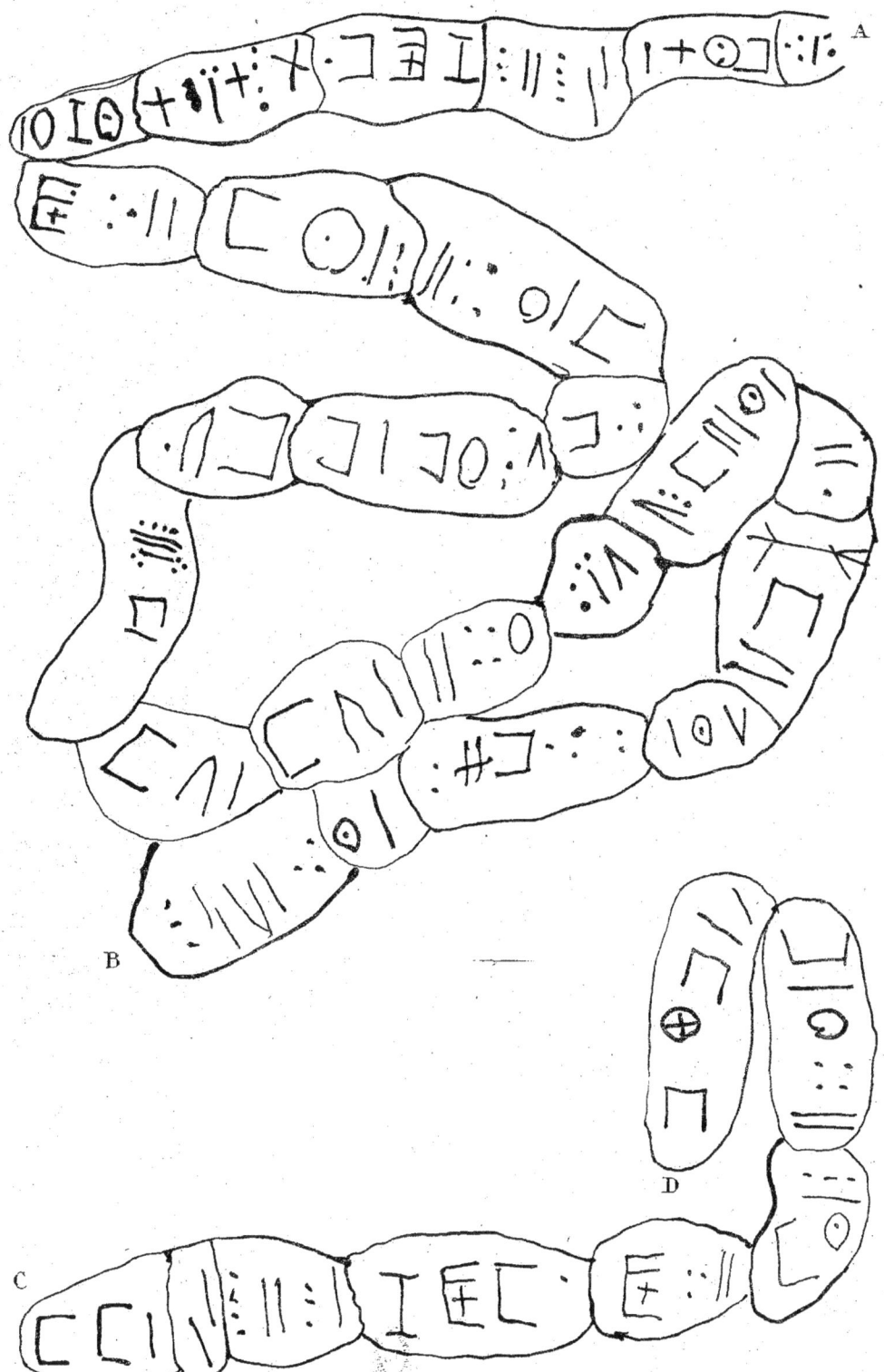

VI

LETTRE DE MASTAN AG SER'ADA, DE LA TRIBU NOBLE DES TAÏTOQ, A LA SŒUR JOSEPH, DE L'ORDRE DE SAINT VINCENT DE PAULE, ATTACHÉE A L'HÔPITAL MILITAIRE DU DEY, A ALGER.

Mastan, interné au fort Bab-Azoun, y a contracté la petite vérole, au mois de mai 1889. Transporté à l'hôpital du Dey, il y a été soigné avec un dévouement sans bornes par une religieuse de l'ordre de Saint Vincent de Paule, la sœur Joseph, qui, antérieurement, avait eu déjà dans son service Tachcha, frère de Mastan, et son compatriote Moumen ag R'ebelli. Ramené au fort Bab-Azoun après sa guérison, Mastan a voulu remercier sa garde-malade, que lui et ses compagnons désignaient entre eux sous le nom de Fathma; il lui a écrit la lettre suivante (A — B), lettre à laquelle, sur la demande de Moumen, il a ajouté une phrase (C — D) exprimant la reconnaissance de ce dernier.

La lettre se lit ainsi :

Oua nek, Mastan, innan houlr'in Fadhtma tahitadjet seferan. Dhtekel messiner' el kheirnem ; kem ed r'ermenem meda, Houllenkamin midden medan. El kheir ouadjid doumedmessan ila djamil dessen ouakmatouïn ness akal nener'.

Moumen innan houlr'in Fadhtma. Dhtekel messiner' el kheirnem. Tenemertenem.

MOT A MOT

Ceci, moi, Mastan, disant : Je salue Fathma tu as employé les remèdes. Augmente notre Maître le bien de toi, toi et les gens de toi, complètement, nous vous saluons, les hommes tous. Le bien, celui tu as fait à nos compagnons sur bienfait nous, nous n'oublions pas lorsque (au) pays de nous.

Moi, Moumen, disant : Je salue Fathma. Augmente notre Maître le bien de toi. Je te remercie.

TRADUCTION

Moi, Mastan, je salue Fathma, celle qui m'a soigné. Que Dieu augmente ton bien ! Nous tous (les prisonniers) nous vous saluons, toi et les tiens (1). Le bien que tu m'as fait, tu l'as fait à nous tous, et nous ne l'oublierons pas quand nous serons de retour dans notre pays.

Moi, Moumen, je salue Fathma. Que Dieu augmente ton bien ! Je te remercie.

---

(1) « Les tiens », c'est-à-dire, dans la pensée de l'écrivain : « ton mari et tes enfants. » — Les Touareg ont eu beaucoup de peine à comprendre le célibat volontaire de nos prêtres et de nos religieuses.

VII.

VII.

(Figure with scattered labeled points: A, B, C, D, E, F, G, H, I, J, K, L, M, N, O, P, Q)

VII

LETTRE DE KHETOUA, FILLE DE KHATEL, AUX PRISONNIERS
INTERNÉS AU FORT BAB-AZOUN

Cette lettre, écrite avec du safran, sur un morceau de percale, doit se lire ainsi, suivant A B C D E F G H I J K L M N O P. (Le signe Q est conventionnel, il constitue la marque (tamatart) de Khetoua et n'a aucune valeur alphabétique) :

Oua nek Khetoua ouelt Khatel tennit houlr'in midden ouan Dedjaïr : Kenan, Moumen, Mastan, Ihndjou. Adounet sellamin ; our imout ouadem.

Ihoullin imzad ! iadoubet Messiner' innin tamedjriout nouan. Edni tidhtaouin nouan as eddiouin meraouan nouan. Ouinafer tidhtaouin nouan. Tezzidert tenafa messis.

Sidi iha Rât ; nesella idjemoudhet.

MOT A MOT

Ceci, moi, Khetoua, fille de Khatel, disant : je salue les hommes ceux Alger : Kenan, Moumen, Mastan, Ihndjou (Chikkadh). Les gens sains et saufs ; ne pas il est mort aucun.

Salut imzad ! Il est capable notre Maître pour il délivre vous. Nous verrons les yeux de vous, pour ils seront contents parents de vous. Nous désirons les yeux de vous. La patience est utile à l'homme.

Sidi est à R'ât ; nous avons appris il revient.

TRADUCTION

Moi, Khetoua, fille de Khatel, je salue les captifs d'Alger : Kenan, Moumen, Mastan, Ihndjou. Tous nos gens sont en bonne santé, aucun n'est mort.

Salut ô mon imzad (1) ! Dieu est assez puissant pour vous délivrer. Nous vous reverrons et vos parents seront joyeux. Nous désirons ardemment votre retour. La patience est utile à l'homme.

Sidi (2) est à R'ât ; d'après les nouvelles que nous avons reçues, il ne tardera pas à revenir.

---

(1) Dans une lettre antérieure, une autre femme faisait dire à l'un des prisonniers qu'elle avait juré de ne pas toucher à son imzad (violon à une seule corde — la rebaza des Arabes) tant que les captifs ne seraient pas rentrés dans leur pays. — Ici, c'est une note d'espérance que donne l'auteur de la lettre : « Salut ô mon imzad ! je vais pouvoir te reprendre : Dieu est assez puissant pour nous rendre les absents ».

(2) Il s'agit de Sidi ag Guerradji, chef de la confédération de l'Ahnet.

VIII

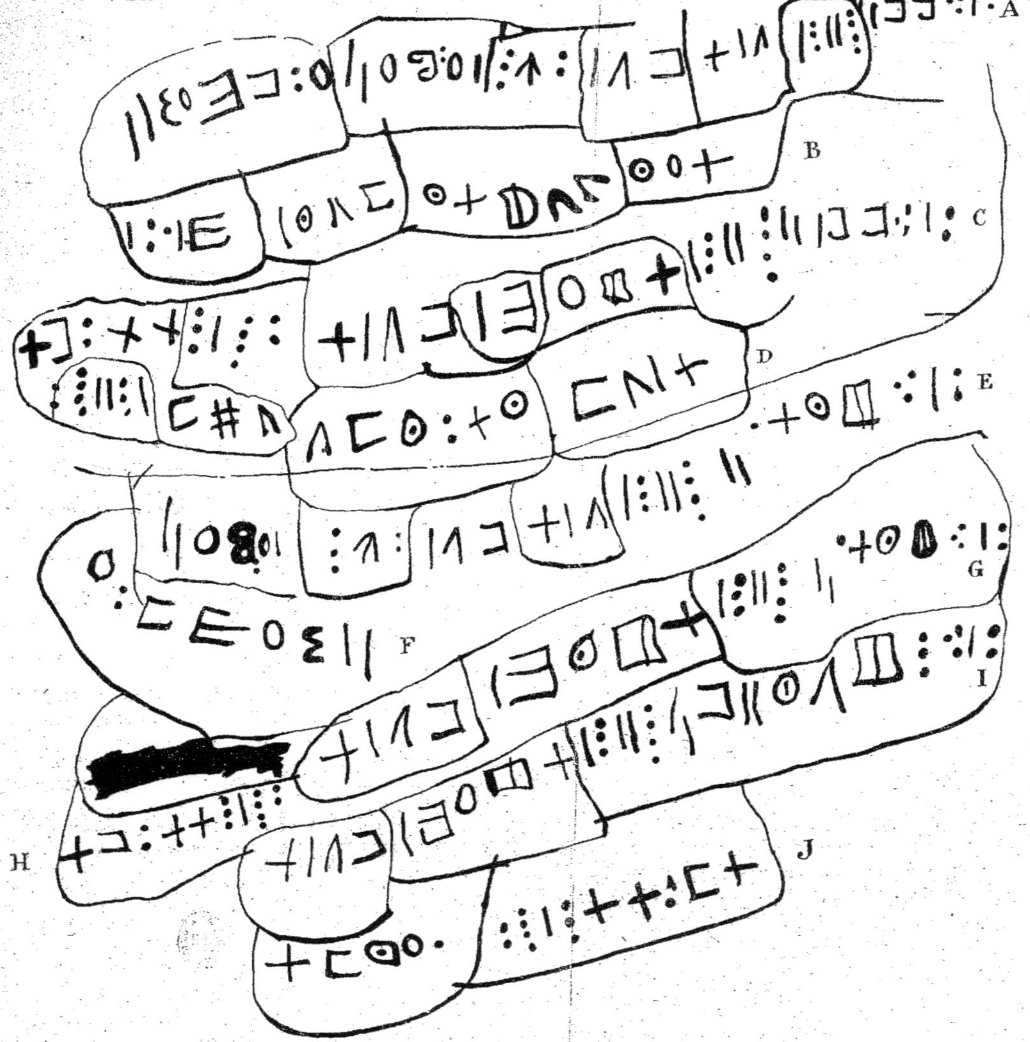

VIII

LETTRE ÉCRITE PAR MOUMEN AG R'EBELLI, D'UNE FAMILLE
MARABOUTIQUE DE LA TRIBU NOBLE DES TAÏTOQ

Cette lettre doit se lire ainsi, suivant A B C D E F G H I J.

Oua nek Moumen innan houlr'in adounet medan ouinder' neroucharnin ar oui medhrouinin. Nekenidh nesellem as tebeded Sarat.

Oua nek Moumen innan houlr'in tibaradhtin medanet ouahner' tetoumet ; houlr'in imzad ed messaoutis medanet.

Oua nek Bou Setta innan houlr'in adounet medan ouinder' nerouchanin ar oui medhrouinin.

Oua nek Bou Setta innan houlr'in tibaradhtin medanet ouahner' tetoumet.

Oua nek R'bd es Sellam innan houlr'in tibaradhtin medanet timessera ouahner' tetoumet.

MOT A MOT

Ceci moi Moumen disant : Je salue les gens tous, depuis les plus âgés jusqu'à les plus jeunes. Nous, nous sommes sains et saufs quand est monté Sarat.

Ceci moi Moumen disant : Je salue les jeunes filles toutes. Ne nous oubliez pas. Je salue les imzads et leurs maîtresses toutes.

Ceci moi Bou Setta disant : Je salue les gens tous, depuis les plus âgés jusqu'aux plus jeunes.

Ceci moi Bou Setta disant : Je salue les jeunes filles toutes, ne nous oubliez pas.

Ceci moi Abd es Sellam disant : Je salue les jeunes filles toutes, les filles à marier. Ne nous oubliez pas.

TRADUCTION

Moi Moumen, je salue tout le monde, vieux et jeunes. Nous sommes en bonne santé au commencement du mois de Sarat (1).

Moi Moumen, je salue toutes les jeunes filles. Ne nous oubliez pas. Je salue toutes celles qui jouent de l'imzad (2).

Moi Bou Setta, je salue tout le monde, vieux et jeunes.

Moi Bou Setta, je salue toutes les jeunes filles. Ne nous oubliez pas.

Moi Abd es Sellam, je salue toutes les jeunes filles et celles en âge de se marier. Ne nous oubliez pas.

---

(1) Djoumad et tsani 1307 des Arabes (ce mois a commencé le 23 janvier 1890).

(2) Imzad signifie à la fois *violon* et *cheveu*. On pourrait donc traduire : « Je salue toutes celles qui portent de longues chevelures, » c'est-à-dire toutes les femmes. C'est l'idée que l'écrivain a exprimée.

IX

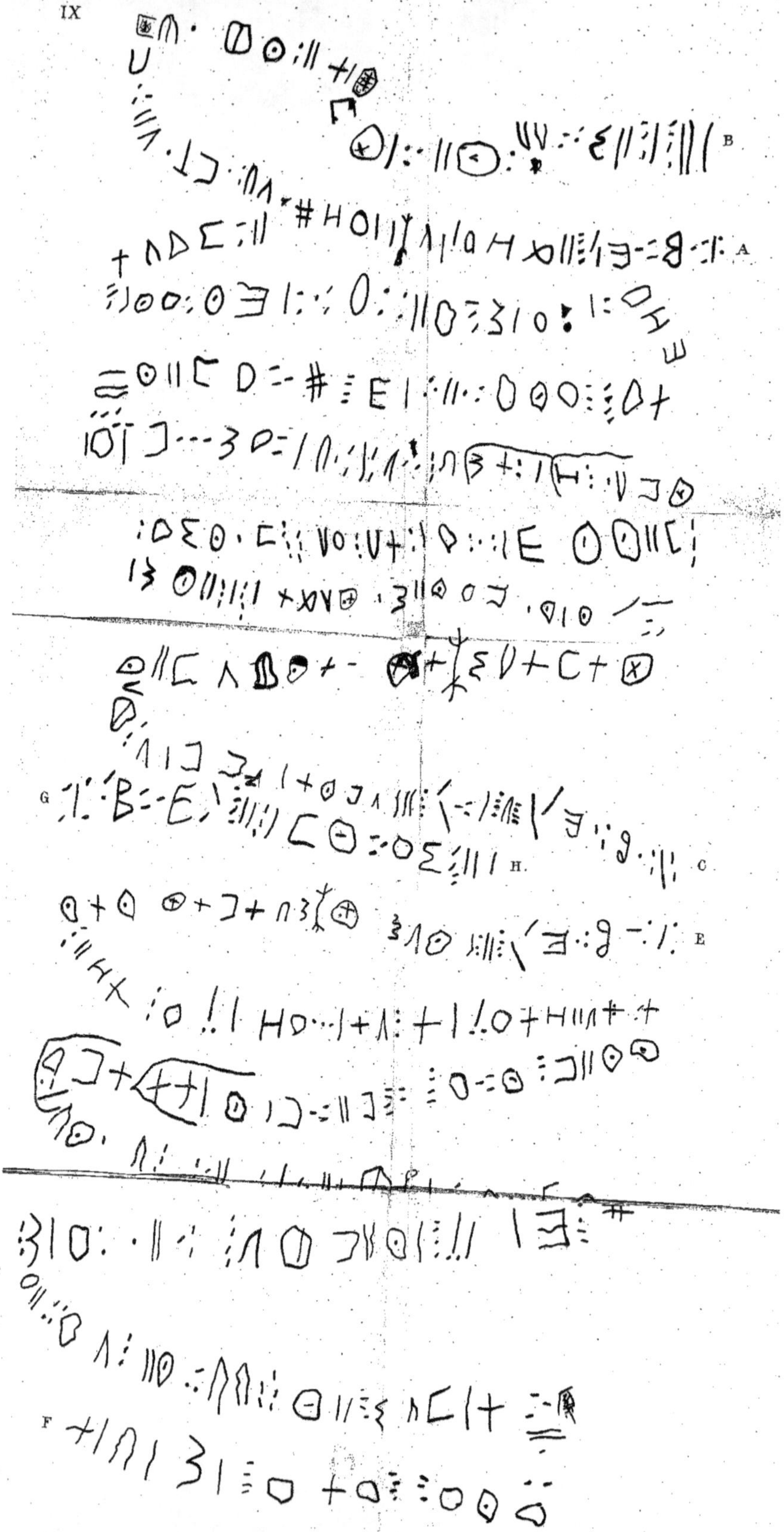

IX

LETTRE ÉCRITE PAR CHIKKADH AG R'ALI, DE LA TRIBU SERVE DES KEL AHNET, GUIDE-INTERPRÈTE DE LA MISSION CRAMPEL, A BANGUI (HAUT OUBANGUI), DANS LES PREMIERS JOURS DE DÉCEMBRE 1890.

Cette lettre a été transmise par l'explorateur Paul Crampel, dans son courrier du 5 décembre 1890, le dernier, je crois, qu'on ait reçu de lui. Elle présente donc un intérêt particulier.

Elle comprend :

1° Une première phrase (A-B) : compliments et remercîments aux Autorités Françaises avec qui Chikkadh a été en rapport pendant sa captivité à Alger ;

2° Une seconde phrase (C-D) : Chikkadh donne de ses nouvelles à ses compagnons de captivité qu'il croit toujours réunis au fort Bab-Azoun ;

3° Une troisième phrase (E-F), qui s'adresse à Sidi ag Guerradji, chef de la confédération de l'Ahnet ;

4° Enfin, un post-scriptum (A-H) intercalé dans un blanc du papier : Compliments à un professeur de la Faculté des Lettres d'Alger.

Elle doit se lire ainsi :

1. — *Oua nek Chikkadh innan houlr'in gfernoun ed Zenenar Fouza ed el Kmanta. Ed el Kmanda Bissoual, tenemertenek : allès idiouder' ioular'en houllan.*

2. — *Oua nek Chikkadh innan houlr'in Kenan houllan, ed Mastan, ed Moumen, ed R'bd es Sellam, ed Bou*

Setta. As tezid tamatart, Kenan, as noussa Marsilia astedeguet, nehaner' allès yien : our ioussa Imohar direr' ezzdat nouan, ar kouanidh : as sellamer' as emdir' foul ouataï der' akal ouan Ikelan, our eqim idjraouner', ed nesellem ar kouzz ihadan. Kela our serar' haret dheferouan, our ni ar el kheir. Kouanidh asouarsener' tedarem ouella.

3. — Oua nek Chikkadh innan houlr'in Sidi. As tezid tamatart as tessiqel fi Takerdjan, feraqanet der' Tin Idjar, tafoul ed Touat : as sellamer', astekrah Aouhim Ilkamen senatet temarouin (ihadan) ed sâ, der'akal ouan Ikelan; bechan our eqim, ar kouzz ihadan erdjeh, nesellem. Abadah, kela our nir' ar el kheir der' allès ididouar, as elqid demidennit. Kela our serar' haret ar ahni n adounet.

4. — Oua nek Chikkadh innan houlr'in Maskri houllan.

MOT A MOT

1. — Ceci moi Chikkadh disant : Je salue le Gouverneur et le général Poizat et le commandant. Et le commandant Bissuel, je te remercie : l'homme il va avec moi bon beaucoup.

2. — Ceci moi Chikkadh disant : Je salue Kenan beaucoup, et Mastan, et Moumen, et Abd es Sellam et Bou Setta. Pour que tu saches la marque, Kenan, quand nous sommes arrivés Marseille, le soir, a dit à nous homme un : ne pas il est arrivé Imohar' jusqu'à auparavant de vous, si ce n'est vous; pour, je suis sain et sauf, pour j'ai complété plus que une année dans pays celui des nègres ; ne pas je m'assieds j'ai trouvé, et je suis sain et sauf, si ce n'est quatre nuits. Non ne pas il m'a manqué rien derrière vous, ne pas j'ai vu si ce n'est le bien. Vous, informez-moi, vous vivez ou non.

3. — Ceci moi Chikkadh disant : Je salue Sidi : pour que tu saches la marque, quand tu as voyagé dans Ta-

kerdjan, tu as gravi à Tin Idjar, tu venais du Touat : pour je suis sain et sauf ; il s'est écoulé Aouhim Ilkamen deux dizaines (nuits) et sept dans pays celui des nègres, mais ne pas je me suis assis, si ce n'est quatre nuits, j'ai marché. Je suis sain et sauf. Jamais non ne pas j'ai vu si ce n'est le bien chez l'homme il va avec moi, pour je reviendrai ami de lui. Non ne pas il m'a manqué rien si ce n'est la vue de les hommes.

4. — Ceci moi Chikkadh disant : Je salue Masqueray beaucoup.

TRADUCTION

1. — Moi Chikkadh, je salue le gouverneur, le général Poizat et le commandant. Et toi, commandant Bissuel, je te remercie, mon compagnon (1) est plein de bonté pour moi.

2. — Moi Chikkadh, je salue beaucoup Kenan, Mastan, Moumen, Abd es Sellam et Bou Setta. Comme signe de reconnaissance entre nous, Kenan, rappelle-toi que, le soir de notre arrivée à Marseille, un homme nous a dit qu'aucun Imohar' n'était venu en France avant nous (2). Je suis sain et sauf. Depuis plus d'un an que je suis dans le pays des nègres, je n'ai pas eu un instant de repos si ce n'est pendant quatre jours (3) et je me suis bien porté. Depuis que je vous ai quittés, rien ne m'a manqué, je n'ai vu que le bien. Et vous ? faites-moi savoir si vous êtes encore de ce monde.

3. — Moi Chikkadh, je salue Sidi. Comme signe de re-

---

(1) Crampel.

(2) Sauf cependant le cheikh Othman et les deux Azgueur qui l'accompagnaient.

(3) Je traduis ici le mot *Ihadan*, qui veut dire *nuits*, par le mot *jours*, parce que, dans ce cas particulier de la supputation du temps, les Touareg comptent par nuits, comme nous comptons par jours, et que le singulier *Ihad* a alors le sens de période de 24 heures.

connaissance entre nous, rappelle-toi que, pendant le voyage que tu as fait en revenant du Touat pour te rendre à Takerdjan, tu as gravi (la gara de) Tin Idjar. Je suis sain et sauf, dans le pays des Nègres, à la date du 28 du mois aouhim ilkamen (1), mais je ne me suis pas reposé, je n'ai cessé de marcher que pendant quatre jours. Je suis bien portant, je n'ai qu'à me louer de mon compagnon (2) et je resterai son ami. Rien ne m'a manqué, si ce n'est la vue de mes compatriotes.

4. — Moi Chikkadh, je salue beaucoup Masqueray.

---

(1) « *Il s'est écoulé*, dit le texte, *vingt-sept nuits d'Aouhim ilkamen.* » — Le mois dit *Aouhim ilkamen* (Aouhim le suivant) correspond au mois arabe Djoumad-el-Ouel. La lettre aurait donc été écrite le 28 Djoumad-el-Ouel 1308 de l'Hégire, soit le 10 janvier 1891. Or, Crampel l'a transmise par une dépêche datée de Bangui, 5 décembre 1890. Il est donc probable que Chikkadh, qui avait déjà perdu la notion exacte du temps, lors de son passage au Sénégal, ne l'a pas retrouvée ou l'a perdue de nouveau. Il se peut encore qu'un lapsus lui ait fait écrire *aouhim ilkamen* au lieu de *aouhim iezzaren* (aouhim le premier) qui correspond au *Rebiâ el tsâni* des Arabes. La lettre serait alors du 28 Rebia et Tsani 1308 hég., date qui correspond au 12 décembre 1890 et qui, probablement, est plus près de la vérité que la première.

(2) Crampel.

TABLE DES MATIÈRES

	Pages.
Préface	v
Liste des ouvrages et cartes consultés	vi
Programme de la conférence	1
Coup d'œil général sur l'Afrique septentrionale	2
Zône d'influence française ; convention du 5 août 1890, entre la France et l'Angleterre	4
La France peut réunir ses colonies d'Algérie et de Tunisie à ses possessions du Sénégal et du Soudan français. — Difficultés qui peuvent surgir	6
Les oasis de l'Oued Nsaoura	9
Ordre religieux des Kerzazya	10
Vallée de l'Oued Messaoud. — Situation du Touat, du Tidikelt et du Gourara	11
Importance de ces territoires	13
Le Gourara	13
Aouguerout, ou Bled el-Khenafsa	19
Les Feggaguir (puits à galerie)	20
Les Rerariz (puits à bascule)	21
Tin Erkouk, ou Bled el-Meharza	21
El-Djereïfet	22
Timimoun	22
Ouled Saïd	23
Charouïn	24
Teganet	24
El-Haïha	25

	Pages.
Deramcha.	25
Tsâbit.	26
Zoua et Deldoun.	27
Sbâ.	28
La lutte contre l'envahissement des sables.	29
Le Touat.	30
Bouda.	33
Timmi.	33
Tamentit.	34
Bou Fadhi, ou Ouled el-Hadj.	35
Tasfaout et Fennour'in.	35
Tamest.	36
Kounta, ou Ouled Si Hammou ben el-Hadj.	36
Ordre religieux des Bakkaya.	37
In Zegmir, ou Touat el-Henné.	38
Sali.	38
Reggan.	39
Le Tidikelt.	39
Tribus des Ouled Ba-Hammou, Ouled Mokhtar, Ouled Zenan, Zoua de Sid el-Hadj Mahmed.	41
Foggaret ez-Zoua.	42
In-Salah.	43
In-R'ar.	45
Aoulef.	46
Tit.	47
Akabli.	47
El-Koseïbet.	48
Ressources qu'on pourra tirer du Gourara, du Touat et du Tidikelt, soit en hommes, soit autrement.	48
Influence de l'annexion du Gourara, du Touat et du Tidikelt, au point de vue de la sécurité et du développement par le travail de nos propres oasis.	50
Moyens d'augmenter la population ksourienne.	54
L'esclavage.	53
L'annexion et la sécurité.	61
Les agitateurs Algériens au Touat, au Gourara et au Tidikelt.	62
Massacre de la mission Flatters.	62
Assassinat du lieutenant Palat.	63
Le Senoussisme ; ses doctrines, ses tendances, son importance ; son attitude vis-à-vis du Gouvernement Ottoman.	67
Notre situation vis-à-vis du Maroc, au Touat, au Gourara et au Tidikelt. — Les droits du Maroc sur ces contrées sont illusoires.	72

	Pages.
Traité du 18 mars 1845.	73
Attitude des populations. — Intrigues marocaines. — Lettres du Sultan du Maroc.	74
Ba Djouda et ses successeurs reprennent les allures de chefs d'État indépendants.	86
Nous ne devons pas borner nos efforts à nous rendre maîtres de la route de Tin Bouktou. — La région du Lac Tchâd les sollicite.	90
L'Angleterre et la convention du 5 août 1890.	90
La « Royal Niger Company ».	90
Anglais et Allemands.	91
Exploration Crampel.	92
Étude du Sahara.	97
Routes des caravanes.	99
Routes occidentales.	100
Tin Bouktou.	101
Routes centrales.	103
Routes orientales.	109
Mourzouk.	110
Routes transversales.	111
Le commerce du Sud. — Peut-on espérer l'attirer vers nos possessions de l'Afrique du Nord ?.	113
Traité de R'adamès (26 novembre 1862).	118
R'adamès.	123
R'ât.	124
Causes qui nous ont empêché de tirer parti du traité de R'adamès.	125
Turcs et Touareg à R'ât.	126
Notre situation vis-à-vis de l'Empire Ottoman dans l'Est.	131
Le chemin de fer trans-saharien.	133
L'influence française dans le Sahara. — Ce qu'elle est.	138
Ce qu'il faut faire pour relever et développer notre influence dans le Sahara. — Occupation et organisation du pays.	141
Les Touareg. — Leur origine. — Institutions. — Mœurs. — Coutumes. — Langue.	145
Dénomination exacte.	145
Origine. — Histoire et légendes.	146
Divisions politiques et géographiques.	148
Organisation sociale.	149
Régime politique.	150

	Pages.
Justice	151
Religion	152
Superstitions	153
Expéditions. — Manière de combattre	156
Harnachement	158
Armement	159
Costume	160
Hygiène. — Médecine. — Alimentation	164
Mœurs, coutumes	166
Langue, écriture, littérature	174
Résistance que peuvent nous opposer les Touareg	184
Conclusion	185
Fac-simile et traduction de quelques lettres en tamahaq	187

ERRATA

Pages.	Lignes.	Au lieu de :	Lire :
3	32	appelé	appelée
14	11	Seggeur	Seggueur
20	7	rapportent	apportent
60	12	entrenir	entretenir
	21	pourrons	pourrions
64	13	Guelman	Guelmam
140	5		
65	1 (note)	n'est pas seul	n'est pas le seul
66	28	la fuite	d'une fuite
90	2	sud-est	sud-ouest
111	18	habite	habitent
162	15	donateur	donataire
181	13	✝ ⌂	✝ ⌂ ·
180	13, 27, 29	○	☉
181	15, 18, 23		
182	10, 11		
183	1 (première lettre), 5		
208	5	nesellem	nesellem

ALGER. — TYPOGRAPHIE ADOLPHE JOURDAN.

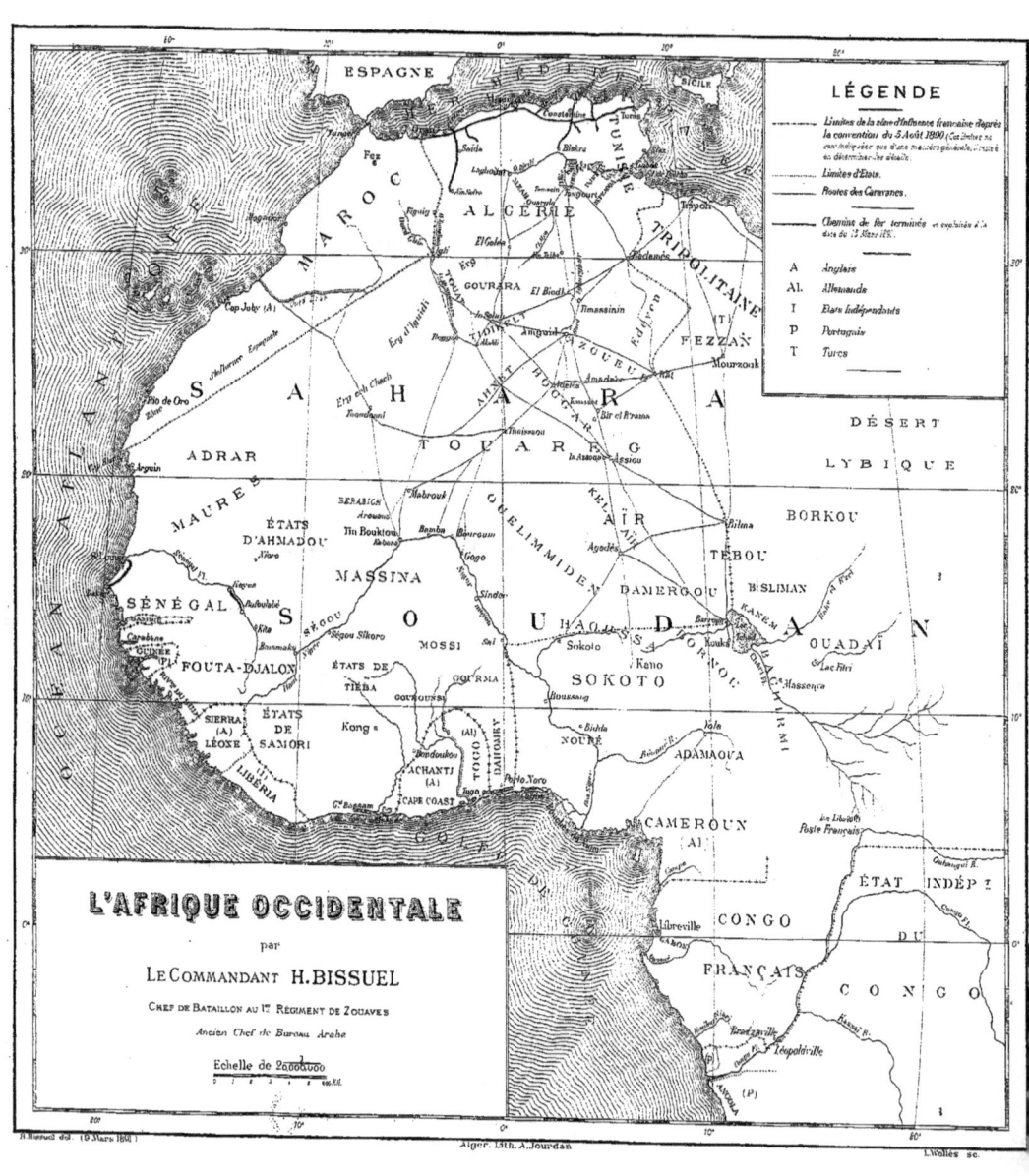

EN VENTE A LA MÊME LIBRAIRIE

LES
TOUAREG DE L'OUEST
PAR
Le Capitaine H. BISSUEL
CHEF DE BUREAU ARABE

1 volume in-8°, avec deux cartes...................... **6 fr.**

ESSAI
DE
DICTIONNAIRE FRANÇAIS-HAOUSSA et HAOUSSA-FRANÇAIS
PRÉCÉDÉ D'UN
ESSAI DE GRAMMAIRE DE LANGUE HAOUSSA
Magana n haoussa
ACCOMPAGNÉ D'UNE CARTE DE L'AFRIQUE SEPTENTRIONALE
PAR
Le Capitaine LE ROUX
ANCIEN CHEF DU BUREAU ARABE DE BOU-SAADA

1 volume in-4°, cartonné percaline..................... **15 fr.**

MARABOUTS & KHOUAN
Étude sur l'islam en Algérie
PAR
Louis RINN
ANCIEN CHEF DU SERVICE CENTRAL DES AFFAIRES INDIGÈNES
CONSEILLER DE GOUVERNEMENT

1 fort volume in-8°, avec une carte de l'Algérie......... **15 fr.**

HISTOIRE
DE
L'INSURRECTION DE 1871 EN ALGÉRIE
PAR LE MÊME

1 fort volume in-8°, avec deux cartes................ **15 fr.**

MŒURS, COUTUMES
ET INSTITUTIONS
DES
INDIGÈNES DE L'ALGÉRIE
PAR
Le Lieutenant-Colonel VILLOT

1 beau volume grand in-18...................... **3 fr. 50**

ALGER. — TYPOGRAPHIE ADOLPHE JOURDAN.

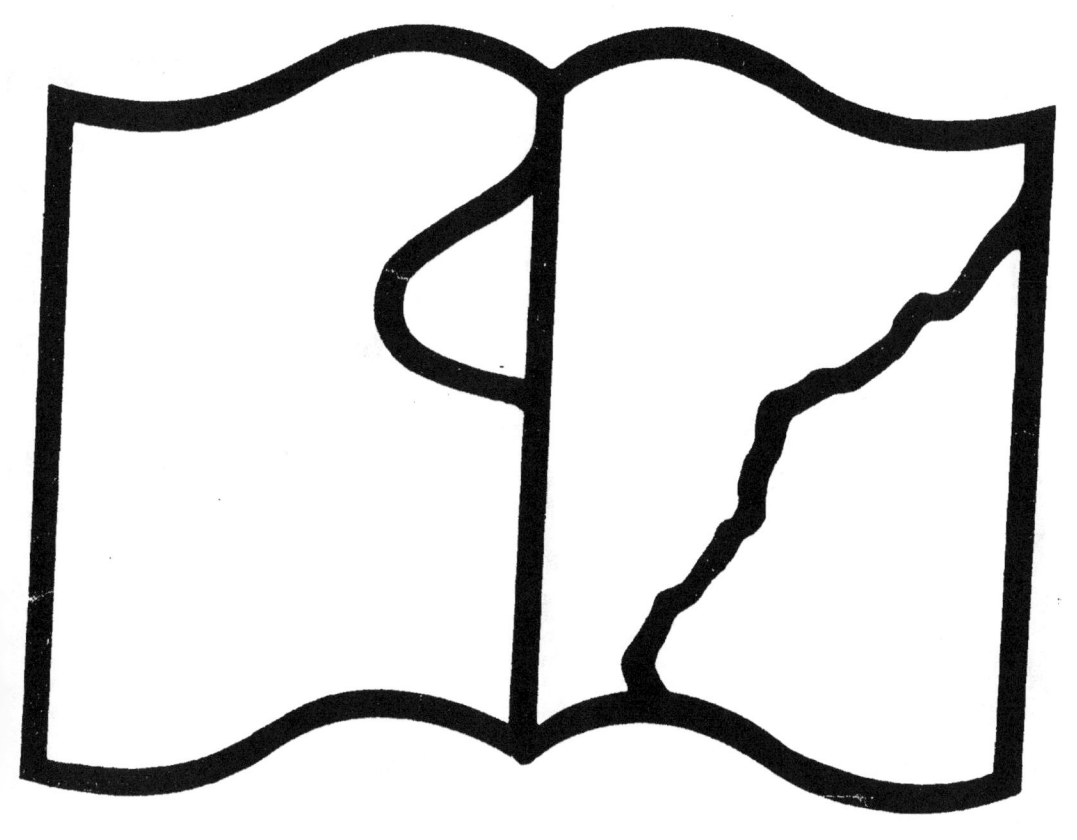

Texte détérioré — reliure défectueuse

NF Z 43-120-11

Contraste insuffisant

NF Z 43-120-14

www.ingramcontent.com/pod-product-compliance
Lightning Source LLC
Chambersburg PA
CBHW070642170426
43200CB00010B/2100